U0831585

湖南省教育厅优秀青年项目(项目编号:18B229)
湖南省自然科学基金面上项目(项目编号:2019JJ40086)
应用经济学一流学科建设经费资助出版
湖南科技大学学术著作出版基金资助

粮食安全视角下中国食品安全标准对粮食的进口贸易效应

胡黎明　赵瑞霞　著

中国矿业大学出版社
· 徐州 ·

图书在版编目(CIP)数据

粮食安全视角下中国食品安全标准对粮食的进口贸易效应 / 胡黎明，赵瑞霞著. —徐州：中国矿业大学出版社，2019.12

ISBN 978-7-5646-4549-6

Ⅰ. ①粮… Ⅱ. ①胡… ②赵… Ⅲ. ①食品安全—安全标准—影响—粮食—进口贸易—研究—中国 Ⅳ. ①F752.652.1

中国版本图书馆 CIP 数据核字(2019)第299413号

书　　名　粮食安全视角下中国食品安全标准对粮食的进口贸易效应

著　　者　胡黎明　赵瑞霞

责任编辑　夏　然　褚建萍

出版发行　中国矿业大学出版社有限责任公司

（江苏省徐州市解放南路　邮编 221008）

营销热线　(0516)83884103　83885105

出版服务　(0516)83995789　83884920

网　　址　http://www.cumtp.com　**E-mail**：cumtpvip@cumtp.com

印　　刷　江苏凤凰数码印务有限公司

开　　本　787 mm×960 mm　1/16　**印张** 9.75　**字数** 181 千字

版次印次　2019 年 12 月第 1 版　2019 年 12 月第 1 次印刷

定　　价　32.00 元

（图书出现印装质量问题，本社负责调换）

前　言

伴随国际产业转移的不断加速推进、贸易自由化程度的不断提升以及全球范围内关税水平的不断降低，技术标准在全球贸易体系中的作用显得尤为重要，“标准是国际贸易的通用语言”就是其重要性的通俗写照。日趋激烈的“标准战”与日益频发的食品安全标准事故更进一步表明，企业在国际产业转移进程中需要通过技术标准来控制全球价值链的制高点，消费者期望通过技术标准来确保产品的质量与安全。在此背景下，很多学者对技术标准与国际贸易的关系展开了研究，但是大多数学者在研究中都是把技术标准作为一个整体对象，并未对其进行分类，且在实证检验时主要是验证二者的线性关系，没有考虑非线性问题。特定类别的技术标准对贸易影响的效应是怎样的？它们之间的数量关系是线性的还是非线性的？现有的研究还没有得到一个一致的令人满意的结论，且针对发展中国家的研究还特别少见。

食品安全标准是一国技术标准体系的重要组成部分，是农产品国际贸易的基石。本书以中国食品安全标准为对象，研究其对粮食进口的贸易效应，试图回答以下几个理论与现实问题：以食品安全标准为代表的质量与安全标准如何影响进口贸易发展？以中国为样本的实证研究中，食品安全标准与粮食进口的数量关系是什么？是否支持理论推断？在“适度进口”成为中国最新粮食安全国家战略重要组成部分的背景下，食品安全标准是否可以作为国家调控粮食进口贸易的政策工具，对维护国家粮食安全发挥应有的作用？

在理论方面，本书以微观经济学、新制度经济学、技术标准经济学及国际贸易理论为基础研究食品安全标准对粮食产业、粮食市场的影响，揭示食品安全标准进口贸易效应的形成机理。研究表明：在市场经济及国际产业转移不断加速的背景下，食品安全标准作为技术与制度的复合体，对粮食产业的发展机制、产业组织及竞争环境将产生重要影响，与粮食市场要素存在重要的关联性，是粮食市场有效运行的基础；食品安全标准进口贸易效应的形成机理主要包括直接的贸易促进与抑制效应、贸易壁垒效应及贸易转移效应，在这三种效应的综合作用下，食品安全标准与粮食进口贸易之间可能存在一种非线性的数量关系。

在实证方面，本书以联合国商品贸易统计数据库、美国农业部数据库、中国国家统计局数据库、中国历年食品安全国家标准文本为数据来源，对中国的粮食进口、粮食安全、食品安全标准进行系统的调查实证研究和政策模拟分析。研究表明：粮食进口是中国解决粮食安全问题的重要途径，但是过度的粮食进口则又将危及粮食安全；中国的食品安全标准经历了起步、调整及规范发展三个阶段，以标准文件中技术检测指标的数量对其进行测算能较好地反映中国食品安全标准的演变，可以使计量检验更加精确；中国食品安全标准与粮食进口贸易在总体上呈“N”形数量关系，小麦、稻米及玉米三大主粮在保持与食品安全标准“N”形数量关系的同时依次向下偏离平均水平，与之相反，大麦、燕麦及高粱三个粮食品种则依次向上偏离平均水平；通过对中国食品安全标准中的技术因素和制度因素进行调整可以实现预设的调控目标。

本书的创新之处主要表现在三个方面。第一，在研究对象上，本书以中国的食品安全标准及其粮食进口贸易为研究对象，是一个新的研究领域；并在此基础上提出了食品安全标准一方面可以确保粮食质量安全，另一方面又可以通过调控粮食进口，进而为粮食数量安全提供保障的基本学术观点。第二，在研究思路上，本书跳出了以往技术标准国际贸易效应“非促进即抑制”的研究思路，专门构建了食品安全标准进口贸易效应理论模型，并在此基础上设计了非线性计量模型，从而得出了中国食品安全标准与粮食进口呈“N”形数量关系的新结论。第三，在研究方法上，本书在以往研究基础上进行了两点改进，一是将制度因素纳入了传统的标准效应理论模型，从而拓展了其解释能力；二是以食品安全标准文件中的技术检测指标作为标准的测算依据，改进了以往仅以标准文件数量为依据的测算方法，从而使计量估计更加精确。

基于上述分析，本书最后提出了相应的政策建议，以期能够为我国运用食品安全标准调控粮食进口贸易，进而确保国家粮食安全提供一个思路。限于时间和水平的约束，书中难免存在错误和疏漏之处，欢迎读者批评指正。

胡黎明 赵瑞霞

2019 年 5 月 26 日

目　录

第一章　绪　论

在国际产业转移不断加速推进及经济全球化愈演愈烈的时代背景下，任何一个国家都是全球贸易系统中的一个子系统，任何国家如果脱离了全球贸易系统无疑会成为一个经济孤岛（王中美，2010）[1]。伴随贸易自由化和全球范围内关税水平的不断降低，技术标准在全球贸易系统中的作用显得尤为重要，“标准是国际贸易的通用语言”便是其重要性的通俗写照。日趋激烈的“标准战”与日益频发的食品安全事故更进一步表明，企业在国际产业转移进程中需要通过技术标准来控制全球价值链的制高点，消费者期望通过技术标准来确保产品的质量与安全（陈爱贞，2012）[2]。加入世界贸易组织（World Trade Organization，简称 WTO）后，中国粮食进出口形势发生了根本的逆转，粮食进口不断增长，中国粮食安全对全球市场的依赖性在加强（肖营，2019）[3]。在未来的国家粮食安全保障中，如何有效地利用国际国内市场、进一步提高人们生活品质将是我国所面临的重大经济和民生问题。这一问题的系统解决在很大程度上依赖于我国实现对粮食数量安全与粮食质量安全的双重保障，其关键之一在于发挥食品安全标准在粮食质量安全中的屏障功能及对国际贸易的调节作用。基于这一认识，本书确定了“粮食安全视角下中国食品安全标准对粮食的进口贸易效应”这一研究选题。

第一节　研究背景

一、技术标准已成为国际贸易的基本要素和竞争焦点

作为千古一帝的秦始皇对人类历史特别是我国历史所作的最主要贡献之一就是提出了“车同轨、书同文、行同伦”，统一了当时六国各行其是的度量衡。统一的度量衡其实就是关于计量方面的技术标准。1821 年，美国国务卿约翰·昆西亚就指出，度量衡对人类社会中的每个人都可能成为生活所必需的事务之一，对于确保贸易和商业中的每个交易的公平性都是必需的（张丽虹，2015）[4]。可见，技术标准在人类历史上很早就成了保证贸易公平的基本准则，其对贸易的重要性也早已被人们所认识。

随着国际产业转移及全球化的不断深入和国际分工的不断细化，各国间的经济联系和相互依赖性不断增加，其重要表现之一就是国际贸易的频率越来越高、规模越来越大。在此背景下，如何有效地维护国际市场的有序运行就成了各国政府及国际组织所面临的重大任务。从技术层面来看，制定一个能被各方所理解和接受的技术准则体系无疑是维护国际市场秩序最有效的工具之一，而技术标准，特别是国际标准，可以说就是这一技术准则体系中的重要组成部分。一方面，技术标准是对重复性的技术事项在一定范围内所作的统一性规定，可以为国际分工协作提供必要的技术支撑；另一方面，技术标准不仅从技术方面减少了生产者与消费者之间的信息不对称，而且也为贸易仲裁及贸易争端的解决提供了技术依据。二战后为统一欧洲市场而建立的欧共体在其筹建阶段就把制定统一的技术标准作为其重要任务。美国商务部的报道认为，当前全球贸易的80%以上都受到技术标准的影响，每年所涉及的贸易金额超过13万亿美元。可见，无论是区域性市场还是在全球市场中，技术标准作为国际贸易各方所共同遵守的游戏规则，已成为国际贸易中不可或缺的基本要素。

各类国际组织对技术标准的重视也进一步从实践的角度彰显了技术标准对于国际贸易的重要性。国际标准化组织（International Organization for Standardization，简称ISO）在2002年的年度报告中提出"一个标准、一次测试、全球接受"的号召，凸显了国际标准对于国际贸易的重要作用。2005年WTO以《贸易、标准与WTO》作为其年度报告，该报告指出，在过去几十年中，技术标准以极为惊人的速度不断地增强了其对国际贸易的广泛影响。国际电工委员会（International Electrotechnical Commission ，简称IEC）、ISO、国际电信联盟（International Telecommunication Union ，简称ITU）在2016年第47个世界标准日上，联合发布了"标准建立信任"的致辞，致辞提出，标准通过可靠的交流方式、明确的行为准则和值得信赖的合作规范，将人与人紧密联结在一起。标准还是人们相互交流或开展交易的通用语言，是实现贸易互惠互利的资源节约型国际经贸活动的核心要素。各种社会行为都依赖于人们对基本规范、理念或价值观的一致尊重。国际标准对上述这些最基础的规则统一进行编辑和规范，确保其全球通用性。一项产品或服务符合国际标准，就意味着其质量、安全或兼容性能够得到充分保证。我们的世界充满多样性，同时又是普遍联系的。标准是统一的描述语言，在人们需要互联互通时提供了保障和信心。①

20世纪下半叶以来，随着国际产业转移、经济全球化及贸易自由化的快速发展，各国间的经济联系和贸易往来不断加强，由此而导致了各国间经济依存度

① 资料来源：http://www.hnbzw.com/GenerateFile/39/4397.shtml

的不断提高以及国际贸易竞争的日趋激烈。技术标准已经从传统的生产技术规范、产品质量与安全评判依据上升为国际贸易竞争的焦点乃至制高点。国际贸易之争、国际产业之争甚至有些国际政治之争在很多时候都与标准之争密不可分。"一流的企业卖标准,二流的企业卖品牌,三流的企业卖产品","技术标准是国际贸易的通行证","控制标准,则控制市场","主导国际标准话语权,则主导国际市场控制权",这些在经济与贸易实践中总结的流行语都形象地说明了技术标准对国际贸易的重要价值。世界各国大都认识到了技术标准的重要价值,他们都在积极地运用技术、经济、政治等各种手段来争夺国际标准制定的主导权,抢占标准竞争的制高点,从而实现本国利益最大化。比如目前高新技术产业领域的国际标准大多为发达国家主导,ISO、IEC、ITU 三大国际标准组织中的一些关键岗位也主要被发达国家长期占据。可见,当今国际贸易竞争在很大程度上已经超越了传统的劳动、土地、资本等有形生产要素的竞争,更多地表现为对国际标准的控制与争夺。谁掌握了国际标准的控制权与主导权,就意味着谁将在国际贸易竞争中获得更多的市场与利益。

二、国际产业转移加速推进了国内标准的国际化进程

国内外产业转移理论一般认为,产业转移是由于资源供给或产品需求条件发生变化后,某些产业从一个国家(地区)转移到另一国家(地区)的经济行为和过程,是囊括资本、技术、管理经验等综合生产要素跨区域移动的一揽子资源协议。随着全球分工向产品内分工演进,生产的片段化趋势越来越明显,企业之间相互依赖、相互协作的关系得到了不断强化,单个企业离开了生产网络难以独立生存(胡黎明等,2017)[5],因此,为获取竞争优势,国际间的产业转移出现了不断加速的新趋势,第四轮国际产业转移的浪潮正在席卷全球。产业转移作为一揽子资源协议对承接地除了存在直接的、可见的要素注入效应之外,还在诸多领域存在间接的、不易见的其他效应。其中就包括对承接地制度环境的深刻影响,即产业转移的制度变迁效应(赵瑞霞等,2015)[6],从新制度经济学的角度来看,这一效应的实现主要包括制度竞争、制度配套、制度学习及制度革新四种方式。

技术标准作为制度与技术的复合体,不可避免地会受到国际产业转移的深刻影响。一些研究表明,国际标准在各国的被采纳程度与该国承接国际产业转移及对外开放的程度存在显著的相关性。对于国际产业转移而言,标准既是产业存在的技术方案,也是提高生产效率和加速科技进步的手段;既是解决贸易争端的依据,也是延伸和优化产业链的前提(梁静,2012)[7]。国际产业转移对于转出地和承接地的产业链起到了一个桥梁和中介的作用,为把它们整合成为一个不可分割的整体提供了契机和条件(胡黎明等,2017)[8],而技术标准则是这一进程中的关键枢纽。从企业的角度来看,在国际产业转移的过程中获得更多的利

益或更有效地实现转移目标的主要方式就是不断扩大所转移产业的产值规模，增强在生产网络中的谈判能力。从政府的角度来看，在承接产业转移的时候，应切实做好承接地的产业配套服务，使转移企业融入承接地生产网络，有效地降低转移企业的成本(胡黎明等，2016)[9]。可见，生产网络的有效连接是"转-承"双方产业转移目标实现的关键，而这一生产网络的有效连接又依赖于各种标准的相互协调。在"转一承"双方的标准协调过程中，随着生产与贸易网络的日益复杂化，必将伴随着"转一承"双方国内标准的升级、行业标准的协同创新以及国内标准的国际化。

三、食品安全标准在国际农产品贸易中的作用日益凸显

"民以食为天，食以安为先"，随着全球经济的不断发展繁荣，世界各国人民收入水平也得到了很大提高，这直接引发人们对食品质量与安全的关注。然而，作为食品最主要源头的农产品，种类繁多且产品间差异较大，生产者由于信息传递成本过高而缺乏向消费者提供足够信息的激励，由此造成的后果就是农产品市场存在比较严重的信息不对称，缺乏足够的信息披露。食品安全标准可以降低评估农产品质量与安全不确定性的成本，有利于减弱市场信息的不对称性，帮助消费者对各种类的农产品进行比较和选择(鲍晓华，2011)[10]。各国政府和国际标准组织通过食品安全标准规定农产品的质量、安全及卫生等指标，通过合格评定和检验检疫措施对农产品的进出口进行干预，从而使得消费者能够在低成本情况下获得产品质量与安全等信息，进而能够降低消费者因产品质量与安全信息不完备而可能遭受的损失。

在国际贸易市场上，农产品与其他工业产品相比具有小概率、高风险的特点。农业生产除了受季节、气候等不可控的自然因素影响之外，还受到病虫灾害、农药兽药、化肥等因素的影响。以病虫灾害为例，某种病虫灾害的流行可能会对一国的农产品的产量或质量造成毁灭性的破坏，但是各国的食品安全标准对此风险的评估常常存在不一致性，有些技术指标甚至在科学上也并无定论。一旦这些受到病虫灾害影响的农产品流入国际市场，虽然它在短期内对人们健康造成可观测的恶劣影响是小概率事件，但是一旦发生，将对该国农产品的贸易造成巨大风险。2004 年 1 月为了防止美国疯牛病传入，我国禁止了对美国牛肉的进口，直到 2016 年 9 月我国农业部和质检总局才宣告解禁。人食用患有疯牛病的牛肉可能染上致命的新型克雅氏症，据世界动物卫生组织统计，30 年来，全球感染新型克雅氏症的有 226 人，其中 175 起病例在英国(冯蕾，2016)[11]。可见，农产品对健康的危害或不利影响无论多小，都意味着存在风险，这种风险一旦在国际市场中爆发则将对产品的出口产生致命的影响，而反映了各国公众风险偏好的食品安全标准则成为了各国政府进口决策的基本准则。

四、粮食进口已成为解决我国粮食安全问题的重要途径

对于仅占世界7%的耕地而需养活世界22%人口的中国而言，粮食安全无疑是事关治国安邦的头等大事。中央从1982年至1986年连续5年、从2004年至今又连续14年发布与粮食有关的三农主题一号文件，正是对粮食安全问题予以充分重视的最好注解。中国是农业大国，实现全面建成小康社会的关键在于农民增收，实现全面协调可持续发展的关键是农业增效，实现建设社会主义新农村的关键是农村发展（张颖等，2015）[12]。而这些问题的系统解决都与国家的粮食安全战略密切相关。

随着经济社会的发展和国际国内形势的变化，我国粮食安全战略的内涵及重点都发生了相应的变化。20世纪50年代，中华人民共和国刚成立不久，工业大跃进带动了城市人口激增，进而导致了城市居民口粮需求快速增加。而此时国家正在着手对农村进行社会主义改造，期间自然灾害及农业制度变革频仍，农民粮食生产的积极性不高，粮食产量增加有限。1958年粮食产量为19 766.3万吨，是这段时间粮食产量最高的年份，但人均口粮仅301.5千克，远低于人均400千克的安全警戒线，区域性粮荒及全国性粮荒时常发生（蒋冠庄等，2008）[13]。当时中央政府主要是通过统购统销来解决粮食安全问题。1963年中央决定执行“米麦进口交易政策”，大规模地从国际市场进口粮食，到1969年累计进口量达4 400万吨。此阶段的粮食进口政策缓解了统购统销政策的负面影响，拓展了我国应对粮食危机的政策工具，稳定了国内粮食市场。20世纪90年代，随着家庭联产承包责任制改革的深入，以及中央政府对粮价、粮食经营进行了一系列的市场化改革，粮食产销呈快速增长趋势，粮食短缺问题得到了彻底解决。此阶段我国粮食安全战略的核心就是把市场机制引入到了粮食供需管理中。21世纪以来，中央政府针对粮食安全问题相继出台了粮食最低收购价政策、取消农业税政策及严防死守18亿亩耕地红线政策，在这些优惠政策的支持下，我国粮食生产自2003年以来出现了“十三连增”，粮食进出口贸易快速发展，1997—2008年，只有2004年出现了502万吨的贸易逆差，其余11年粮食对外贸易均为顺差。但是从2009年开始，我国粮食出口大于进口的态势被打破，当年的逆差为183万吨。之后这一差距迅速扩大，到2012年已突破1 000万吨，达1 302万吨。目前，我国已成为世界第一大粮食进口国。

上述分析表明，从我国粮食安全的内涵来看，我国的粮食安全已由数量安全向质量安全转变。从中华人民共和国成立到20世纪90年代，粮食安全的内涵主要关注的是数量的安全，以解决人们的基本生存问题。21世纪以来，随着我国农业生产体制改革的成功及农业技术的快速发展，我国粮食产量有了快速的提高，同时经济的发展也促进了人们收入水平的快速提高，此时粮食安全的内涵

已经从关注数量向关注质量及结构的方向转变，以解决人们的生活质量问题。从我国粮食安全的战略来看，对外贸易一直是我国解决粮食安全的重要途径之一。20 世纪 60 年代至 80 年代，我国粮食对外贸易的重点是以进口为主，此阶段的粮食进口为解决国内粮食短缺问题提供重要支持。从 20 世纪 90 年代开始一直到 2009 年以前，我国粮食对外贸易的重点是以出口为主，这为稳定国内粮食的供给能力、保护农民种粮积极性提供了重要保障。2009 年以后，我国粮食对外贸易又转为以进口为主。2013 年年底中共中央经济工作会议将“粮食安全”作为首要任务，并提出实施“以我为主、立足国内、确保产能、适度进口、科技支撑”的国家粮食安全战略。此后的中央农村工作会议聚焦粮食安全战略，强调国家粮食安全和农产品质量。可见，粮食质量安全及适度进口已经成为了当前我国的粮食安全国家战略的重要组成部分。把适度进口作为解决我国粮食安全问题的重要战略途径，是我国政府在全球经济一体化不断提高的背景下，充分利用国际国内两个市场、两种资源所做出的一个重大战略调整。

五、我国基于粮食安全的食品安全标准政策体系亟待加强

众所周知，粮食是最基本也是最重要的食品。在人类赖以生存的食品中，不管是米、面、油等初级产品，还是蛋、奶、肉等高端产品，其 80%以上的部分都是直接或间接来自粮食(吴晓寅等，2015)[14]。随着人们收入水平和生活质量的提高，人们对粮食需求已经由数量保障向质量安全转变。然而，与一般工业品不同，粮食在从农田到餐桌这一过程中可能受到诸多污染，这些污染主要包括农药残留污染、重金属污染、真菌霉素污染等。对于这些污染物的监管主要依靠各类食品安全标准来进行，可以说一个国家的食品安全标准体系的完善程度从根本上决定了其粮食质量安全的保障程度，食品安全标准既是保障粮食质量安全的准绳，也是守护粮食质量安全的“防火墙”。2017 年 6 月，国家粮食局局长张务锋在全国粮食系统安全工作会议上强调，要突出抓好安全储粮和安全生产两个重点，要进一步完善食品安全标准体系，进而通过食品安全标准严防不达标的粮食流入口粮市场(杨召奎，2017)[15]。可见，通过国家食品安全标准来禁止不达标的粮食进入口粮市场，保障国民“舌尖上的安全”，已成为了确保粮食安全的重要政策工具。

近几年，我国粮食进口出现了持续激增的现象且有愈演愈烈的趋势，这反映了我国在利用国际市场作为解决国内粮食安全的战略性工具时，产生了一定的风险。2008 年，联合国粮食及农业组织(Food and Agriculture Organization of the United Nations，简称 FAO)在应对当年的全球粮食危机中指出：“当今世界的粮食危机已不再是传统意义上的粮食生产不足的危机，而是粮食分配、贸易和供应上的危机”。在此背景下，就要求中国今后深入研究如何更有效地利用国际市场来确保国内市场的稳定，解决这一问题的核心在于找到一种可以对粮食进

口进行有效调节的政策工具。众所周知，调节进口贸易的一个重要方式就是技术性贸易措施。虽然在贸易自由化背景下，技术性贸易措施受到了理论界的诸多非议，但在各国政府的国际贸易实践中还是作为一种有效的贸易调节工具被广泛地应用。食品安全标准既是世界各国农产品质量与安全监管的主要政策工具，也是欧美发达国家调控农产品国际贸易的重要技术性措施。因此，在当前我国粮食进口激增的背景下，通过食品安全标准来保障粮食的质量安全及调节进口数量就值得高度关注和深入研究。

食品安全标准作为一国技术标准体系中的重要组成部分，不仅是保障国民健康的重要防线，而且是影响一国食品进出口的重要因素。进入21世纪以来，在《中华人民共和国食品安全法》（简称《食品安全法》）的指导下，我国以促进农民增收、促进粮食产业化发展、保障粮食质量安全、规范粮食市场管理为目标，大力推进了与粮食有关的食品安全标准制定和修订工作。目前针对粮食的农药最大残留（简称"农残"）限量、污染物限量、真菌霉素限量三大主要国家安全标准的检测指标已达243项，比1992年的15项增加了16倍多①。目前我国与粮食有关的食品安全标准已形成了涵盖测定范围、检测方法、技术指标等在内的比较完整的标准体系，覆盖了粮食在生产、收购、储存、运输、加工等可能存在安全风险各环节。但是与西方发达国家及国际食品法典委员会（Codex Alimentarius Commission，简称CAC）的标准相比仍然存在较大差距。食品安全标准充当国民健康屏障和进口调节器的功能尚待进一步强化。

第二节 问题的提出与研究意义

一、问题的提出

根据上文所述，随着国际产业转移的加速推进及经济全球化的发展，食品安全标准一方面通过对产品质量与安全等指标的统一规定为农产品国际贸易提供了"共同语言"；另一方面，又可能作为技术性贸易措施来制造贸易壁垒。因此，本书围绕"粮食安全视角下中国食品安全标准对粮食的进口贸易效应"这一基本问题，从理论、实证及应用三个角度提出以下三个关键性问题：

第一，食品安全标准进口贸易效应的形成机理是什么？结合本书的研究对象及国内外理论研究现状，这一问题解决的前提与基础在于要认清这三个问题：一是食品安全标准对粮食产业将产生什么样的影响？二是食品安全标准与粮食

① 根据我国食品安全标准测算所得，测算依据及结果见第五章。

市场有何内在关联？三是食品安全标准是如何影响粮食国际贸易的？只有科学地揭示了食品安全标准进口贸易效应的形成机理，才能构建本书研究的基本理论框架，才能够为实证研究和政策分析提供理论支撑。

第二，中国食品安全标准与粮食进口的数量关系是什么？从本书研究目标出发，可以将这一问题细分为两个子问题：一是总量间的数量关系是什么？二是分品种间的数量关系是什么且分品种间有何差异？结合当前国内外实证研究的现状，解决这一问题的关键在于突破这两个难点：一是如何构建合理的计量模型才能有效反应食品安全标准进口贸易效应的形成机理？二是如何对食品安全标准进行科学地测算，才能得到更精确的估计结果？只有明确中国食品安全标准与粮食进口的数量关系，才能有针对性地提出政策建议。

第三，食品安全标准能否作为中国调控粮食进口的政策工具？上述两个关键问题的解决虽然在理论上已经很大程度地回答了这一问题，但是，从应用的角度来看，在这一问题下面还有这几个现实问题需要认清：我国现阶段国内粮食的供需现状是怎样的？是否存在安全风险？粮食进口有无必要？我国粮食进口的基本现状又是怎样的？其对我国粮食安全有何影响？运用食品安全标准调控粮食进口的政策着力点是什么？是否可以达成预定的调控目标？只有明确了这些现实问题，才能彰显食品安全标准作为调控粮食进口政策工具的应用价值。

本书将围绕以上三个关键问题进行研究方案设计，试图形成一个以食品安全标准进口贸易效应为理论基础，以我国食品安全标准为实践抓手，以保障我国粮食安全为政策目标的理论分析框架。

二、研究意义

（一）理论意义

本研究从技术标准经济学理论研究框架出发，在以往学术界对技术标准与贸易研究的基础上，进一步深入探讨食品安全标准的进口贸易效应，并从我国粮食安全的视角出发，进行实证分析，对进一步丰富和拓展技术标准与贸易理论及粮食安全理论具有一定的积极意义。具体而言，本研究的理论意义主要体现在以下三方面：

第一，可以深化和丰富技术标准国际贸易效应理论。目前，针对技术标准国际贸易效应的研究，从理论上主要是在技术标准竞争均衡分析的基础上通过对其福利效应的演绎与讨论中引申而来，且是把国际贸易效应看作一个整体来进行分析的。然而，技术标准按照其所属的不同可以分为进口国标准、出口国标准及国际标准，而国际贸易也可以分为进口贸易和出口贸易，这六类组合中的任意一组，比如说进口国标准的进口贸易效应都属于技术标准国际贸易效应的范畴，且从当前的实践上来看，技术标准作为国际贸易不可或缺的基本元素已经超越了标准竞争的框架。因此，本书直接构建了进口国食品安全标准的进口贸易效应理论分析模型，探讨进口贸易效应的形成机理，这是对技术标准国际贸易效应理论研究的进一步细化和深化。

第二，可以促进技术标准理论在粮食安全领域的应用。从产业的角度来看，在技术标准理论的应用研究范畴内，目前的研究主要探讨的是技术标准对具有强网络效应的高科技产业和耐用消费品产业的影响，这是对标准竞争理论框架的应用拓展。但是，本质上来看，技术标准首先是作为一种规范市场秩序的技术规则而存在的，其对市场上的所有产品均将产生深刻的影响。虽然目前的一些研究已经开始探讨技术标准对农产品的影响，但也是把农产品作为一个整体来进行研究的。粮食作为农产品最重要的类别之一，是人类赖以生存的基础，也正因为如此，粮食安全问题成了学术界和实践界关注的焦点。传统的粮食安全理论主要关注的是粮食的数量安全，本研究将粮食质量安全纳入粮食安全的范畴，在食品安全标准作为粮食质量安全的屏障的基础上，来分析其对粮食进口贸易的影响，这对促进技术标准理论在粮食安全领域的应用具有积极作用。

第三，为我国食品安全标准体系的完善提供了实证支持。已有的实证研究大多以发达国家作为研究对象，研究结论大多表明技术标准要么对国际贸易产生抑制效应，要么对国际贸易产生促进作用。产生这种非黑即白实证结论的原因主要有两点：一是没有对核心解释变量即技术标准做进一步的细分，忽略了不同类型技术标准影响国际贸易的机制差异。事实上，兼容性标准与质量安全标准对国际贸易影响的机制差异是很大的，兼容性标准以网络效应及竞争机制为主，而质量安全标准则是以信息显示机制为核心。二是没有对被解释变量进行进一步细分。这种细分基于两个层次，一个层次是从产品的角度来进行，另一个层次是从贸易的角度来进行。本研究以我国的食品安全标准与粮食的进口贸易效应为实证研究对象，是对以往实证研究的进一步拓展和深入，其研究结论对于我国食品安全标准体系的完善可能更具政策指导价值。

（二）现实意义

收入水平的不断提高促使了人们越来越关注自身健康与食品安全，关税壁垒的势衰使得各国政府开始日益重视对技术性贸易壁垒的运用。在此背景下，各国竞相通过制定适宜的食品安全标准来调节国际贸易及保护本国国民健康。本研究抓住粮食这一最基本最重要的食品作为研究对象，其现实意义主要体现在以下三个方面：

第一，为我国基于技术标准视角的国际贸易政策提供对策思路。技术标准既可能成为促进国际贸易发展的“语言”，也可能作为实施贸易保护主义的政策工具。在贸易自由化日益成为国际贸易的“贞节牌坊”的背景下，显性的关税壁垒对国内产业的保护作用已日趋势衰。技术标准作为一种隐性的技术性贸易壁垒正在被世界各国日益重视。我国作为一个贸易大国，经济发展水平与发达国家相比尚存在较大差距。因此，如何保护国内产业发展、培育其国际竞争力就成了我国国际贸易政策不得不面对的一个现实问题。本研究从理论和实证的角度分析了食品安全标准对粮食进口的贸易效应，这不仅对粮食及农产品的进口贸易政策制定提供了具有借鉴意义的对策思路，而且对其他产品的国际贸易政策制定也具有一定的参考价值。

第二，为我国食品安全标准体系的进一步完善提供政策参考。食品安全是重大的、基本的民生问题。我国当前食品安全区域性、系统性风险已经得到了有效的控制，形势总体稳定向好，但存在的问题和潜在的隐患仍不可低估。习近平总书记和李克强总理多次对我国食品安全总体状况作出深刻阐述，强调要把食品安全工作放到更加重要的位置，强化食品安全监管的基础，特别是要着力提高规划布局和标准制定的水平，要把食品安全作为重大民生、重大发展工程和重大政治任务来抓，要用“最严格的监管、最严厉的处罚、最严肃的问责”，坚决治理餐桌上的污染，切实保障人们群众“舌尖上的安全”。依据我国《食品安全法》规定，食品安全标准是食品领域唯一强制执行的标准。在历次的食品安全国家标准制定修订过程中，虽然坚持了主动公开标准信息、广泛征求社会各方意见，但是由于食品安全标准面广量大，其基础性的研究工作仍显不足。本研究以我国的食品安全标准与粮食的进口贸易效应为实证研究对象，其研究结论可以为我国食品安全标准体系的进一步完善提供政策参考。

第三，为解决我国粮食安全问题提供一个新的政策分析工具。传统的粮食安全问题的解决之道主要在于提高国内粮食供应能力或者说是生产能力，以确保粮食自给率为目标，其对粮食安全内涵的理解主要还是囿于粮食的数量安全之内。随着我国粮食生产能力及人们收入水平的提高，人们对粮食安全提出了新的要求，除了确保供应数量的安全之外，还要求品种的多样化及质量的安全。在此背景下，我国最新的国家粮食安全战略也发生了新的变化，其一是把粮食的质量安全与粮食的数量安全相提并论，其二是把适度进口作为解决我国粮食安全问题的重要战略途径。食品安全标准一方面是粮食质量安全的基本屏障，另一方面又可以通过调节粮食进口量来影响粮食的数量安全。因此，本研究通过分析食品安全标准对粮食的进口贸易效应，可以为我国在新的经济发展阶段和国际贸易环境中解决粮食安全问题提供一个有价值的政策分析工具。

第三节 相关概念界定

根据本书的基本研究对象和所提出的关键性问题，需要对粮食与粮食安全、技术标准与食品安全标准、国际贸易与进口贸易效应这三组概念进行界定，以明确本书的基本研究范畴。

一、粮食与粮食安全

（一）粮食的概念

粮食，是指烹饪食品中各种植物种子的总称。粮食所含营养物质主要为糖类，其次是蛋白质，还有维生素、膳食纤维、脂肪等，是人类赖以生存的必需品，是关系国计民生的战略物质（肖国安，2005）[16]。在粮食的国内外相关研究文献中，粮食的统计口径主要有四个。第一个口径是仅包括小麦和稻米的基本口粮或直接食用的粮食。张晓山(2008)认为，随着我国人民生活水平的提高，玉米作为口粮的比例已越来越低，小麦与稻米正在成为我国南北方人民的主要口粮[17]。第二个口径是谷物类粮食，联合国粮食及农业组织(FAO)对粮食的定义包括三大类谷物，即麦类、稻谷、粗粮（又称杂粮，主要是指大麦、玉米、黑麦、燕麦、黑小麦、高粱）。第三个口径是我国传统的粮食统计口径，其在FAO的基础上增加了豆类和薯类。第四个口径是我国根据FAO的Food Security（粮食安全）翻译而形成的一个广义的粮食统计口径，具体包括谷物类，块根和块茎作物类，豆类，油籽、油果和油仁作物，蔬菜和瓜类，糖料作物，水果和浆果，家畜、家禽和畜产品8大类106小类。本书对粮食的研究既包括定性分析，又包括定量研究，因此，必须对粮食的统计口径有一个明确的界定，以保证数据采集的一致性及可比较性。第一个统计口径主要适应于针对基本口粮的研究。第三个统计口径在国内的相关研究中占有很大的比例，但是，本书主要是研究粮食进口问题，而我国豆类主要依赖进口已经很多年，且这一趋势在未来并未有改变的可能，薯类多年来一直保持微量的进出口，缺乏研究的价值。第四个口径明显太过宽泛，在国内的相关研究中很少被采用。因此，按照国际惯例，也为了便于国际比较及数据收集，本书研究中参照FAO第二个粮食统计口径。

粮食的属性是有关粮食研究中必须明确的一个关键性问题，它是政府进行政策干预的基本依据。然而，对于粮食的属性，学术界一直存在争论，归纳而言，主要存在两种不同的观点。一种观点以刘维(2003)等为代表认为，粮食的本质属性就是商品属性，在市场经济条件，粮食与“其他一般商品没有什么不同，都是价值上同质并有不同使用价值的商品”[18]。另一种观点以朱晶(2003)、刘明国

(2008)等为代表，认为粮食是公共物品，具有非竞争性和非排他性的特点[19-20]。这两种观点的根本分歧在于对粮食是公共物品还是私人物品的认定上。从微观角度来看，粮食的消费并不产生外部性，且其消费是具有明显的竞争性和排他性的，符合萨缪尔森意义上的私人物品特性；从宏观角度来看，一国粮食整体的生产与消费事关国家粮食安全，而粮食安全则本质上是属于公共物品。因此，本书认为，粮食是一种混合物品，具有私人物品和公共物品双重属性。

（二）粮食安全的概念

粮食安全，在全球粮食危机日趋恶化的背景下，作为一个全球化问题，历来受到各国政府及国际组织和学术界的广泛关注。例如，2008 年世界粮食日的主题是“世界粮食安全：气候变化和生物能源的挑战”；2009 年的主题是“应对危机，实现粮食安全”；2012 年的主题是“办好农业合作社，粮食安全添保障”；2013 年的主题是“发展可持续粮食系统，保障粮食安全和营养”；2017 年的主题是“改变移民未来——投资粮食安全，促进农村发展”；2018 年的主题是“行动造就未来——到 2030 年能够实现零饥饿”。2015 年 11 月我国国务院办公厅印发《粮食安全省长责任制考核办法》。习近平总书记多次强调，“保障粮食安全对中国来说是永恒的课题，任何时候都不能放松”。

从理论研究的角度来看，1974 年 FAO 最早对粮食安全的定义进行了界定，它是指“保证任何人在任何时候都能够得到为了生存和健康所需要的足够食品”。1992 年我国政府也提出的粮食安全概念，它是指“能够有效地提供全体居民以数量充足、结构合理、质量达标的包括粮食在内的各种食物”。日本学者岸根卓郎(1999)认为粮食安全的内容应该包括三个方面：一是避免粮食危机；二是食生活的稳定化；三是食生活的高级化和多样化[21]。以上三个对粮食安全的定义可以简单地概括为两个方面，一方面是对粮食的数量提出的要求，即要保障生存性粮食的可获得性；另一方面是对粮食的结构与质量提出的要求，即要保障所获得的粮食的营养品质及非健康危害性品质以及满足消费偏好的多样性。因此，可以说前者强调的是基础粮食安全，后者强调的是次级粮食安全。肖国安等(2009,2017)认为，粮食安全属于公共物品的范畴，具有非竞争性和非排他性，是市场失灵的领域，需要政府进行调节[22-23]。粮食安全从本质上来说是一个食物供给保障问题，农业部农业贸易促进中心课题组(2016)认为，粮食安全虽然不能完全等同于口粮安全，但是谷物作为口粮和饲料粮的主体，始终是粮食安全的核心和关键[24]。本书在综合以上各种关于粮食安全概念的基础上，认为在当前人们生活水平普遍提高的背景下，粮食安全是指保障全体国民能够获得多样化生活所需的各类粮食，其内涵主要包括三个方面，一是粮食数量的安全，即保障任何人在任何时候都能获得维持生存所需的足够粮食；二是粮食质量的安全，即保障任何人在任何时候所获得的粮食在结构上合理，在质量上达标，能够维持健康所需；三是粮食安全具有公共物品属性，需要政府的干预。

二、技术标准与食品安全标准

技术标准从哲学的角度来看，是人类由自然人进入社会共同生活实践的必然产物，是人类文明的典型象征，它随着生产的发展、科技的进步和生活质量的提高而发生、发展，经历了从自发到自觉，从经验到科学的飞跃。它在农业时代已开始萌芽，比如秦王朝对度量衡的统一；它在工业化时代得到了飞速发展，比如福特式流水线的标准化大规模制造；它在信息化时代日趋成熟，比如微软公司的 Windows 操作系统与英特尔公司的 Intel 处理器构成的 Wintel 标准。食品安全标准属于技术标准的一种具体类型，因此，要科学地把握食品安全标准的内涵，先必须从一个更广的范围来分析技术标准这一基本概念。

（一）技术标准的概念

技术标准的概念是建立在“标准”和“标准化”这两个基本概念的基础之上的。近百余年来，国际标准化组织及世界各国标准理论的研究学者都在致力于技术标准及标准化研究工作，力图为技术标准及标准化下一个能为大多数人接受的定义。其中最具代表性的就是国际标准化组织对标准及标准化的定义。1983 年 7 月国际标准化组织的标准化原理研究常设委员会（ISO/STACO）以指南的形式把“标准”定义为：“由有关各方根据科学技术成就与先进经验，共同合作起草，一致或基本上同意的技术规范性文件或其他公开文件，其目的在于促进最佳的公众利益，并由标准化团体批准”。对“标准化”的定义为：“标准化主要是针对科学、技术与经济领域内重复应用的问题给出解决办法的活动，其目的在于获得最佳秩序，一般来说，包括制定、发布与实施标准的过程”①。1991 年 ISO 与国际电工委员会（IEC）联合发表了第二号指南《标准化与相关活动的基本术语及其定义》，该指南对“标准”的定义为：“标准是由一个公认的机构制定和批准的文件，它对活动或活动的结果规定了规则、导则或特征值，供共同和反复使用，以实现在预定结果领域内的最佳秩序和效益”。该指南对“标准化”的定义为：“标准化是对实际与潜在问题做出统一规定，供共同和重复使用，以在领导的领域内获得最佳秩序和效益活动”②。ISO/IEC 对“标准”及“标准化”的定义明确阐述了标准的本质、目标、基础、功能及对象等，具有国际权威性和科学性，是目前被最为广泛接受和遵循的定义。

---

① 赵全仁，崔壬午. 标准化词典[S]. 北京：中国标准出版社，1990.

② ISO/IEC 第 2 号指南：标准化和相关活动的通用词[S]. 北京：中国标准出版社，2008.

从以上关于“标准”与“标准化”的定义可以看出，这二者在本质上是紧密相连的两个概念。一方面，标准是标准化活动的最终目的及结果，标准化的目的和效能都需要借助于制定具体的标准作为工具来实现，也正因为如此，各国政府或标准组织标准化工作的基本任务就是制定各类标准，并对各类标准进行组织实施及监督检查。另一方面，标准化本质上就是一项把具体的、分散的产品技术纳入标准并组织实施的活动过程，它包括标准制定、标准执行与监督、标准修订三个基本活动阶段。当然，标准化不是这三个基本活动阶段的静态循环，而是一个动态的螺旋式上升过程，也即每完成一次标准化循环，标准化的水平一般就会得到相应的提升。

根据以上分析可知，标准是随着标准化活动而不断发展变化的，早期的标准主要体现的是对产品或服务的质量与技术要求。随着技术的日益复杂化、标准竞争的日益激烈化、标准事件的日益敏感化，标准的内涵变得愈来愈丰富，其外延也得到了不断地扩张，变得越来越宽泛，从而使得技术解决方案作为一个整体日益被纳入标准之中，因此，“技术标准”的概念开始逐步取代“标准”的概念而越来越被人们所接受。

技术标准是专门针对技术活动中需要统一协调的事物制定的标准，是产品的技术要求，是企业进行生产活动的技术依据。ISO 对技术标准的定义为：“一种或一系列具有一定强制性要求或指导性功能，内容含有细节性技术要求和有关技术方案的文件，其目的是让相关的产品或服务达到一定的安全要求或进入市场的要求”①。我国国家标准化委员会对技术标准的定义为：“由一定权威组织对经济、技术和科学中重复出现共同语言和技术事项以及产品规格、工程质量、检测方法等统一规定的技术准则，它是人们进行生产、产品质量检验和进行经济、科学技术活动应共同遵守的技术依据”②。Blind(2004)认为，技术标准是产业范围内所有产品、生产过程、规格或程序的所有要素必须遵守的一套规范[25]。上述这些对技术标准的定义虽然侧重点有差异，但是在以下几个方面却是共同的：第一，由于标准间转换成本的存在，技术标准存在锁定效应，这使得技术标准所纳入的技术方案或技术指标不一定是最优的，且具有路径依赖性特点。第二，技术标准的实质是一个制度性的技术门槛，它一方面设定了技术必须要达到的水平，使得低于此水平的企业将被拒之门外；另一方面它作为标准制定者干预市场的制度安排，使得交易成本高的企业被拒之门外。值得指出的是，虽然在我们看来标准与技术标准是存在一定差异的两个概念，但是在许多文献中，对这

① ISO/IEC 第 2 号指南：标准化和相关活动的通用词[S]. 北京：中国标准出版社，2008.

② 见我国 GB 3935—96《标准化基本术语》。

二者是不加区分的。因此，在本书中如未特别说明，所指的标准即为此处技术标准的涵义。

（二）技术标准的类型

Blind(2003)认为，不同的标准对经济的影响是不同的，而用来分析和理解这些影响的分析模型也是不同的，因此，对技术标准进行明确的分类对于理论探讨是非常重要的[26]。根据不同的角度，对技术标准的分类可以采取不同的方法。第一，根据标准的地理、政治或经济区域的不同层级，可以将技术标准分为国际标准、区域标准、国家标准、行业标准、地方标准及企业标准。第二，根据标准制定人的不同可以将技术标准分为法定标准和事实标准。法定标准(de jure standards)是指政府标准化机构或政府授权的标准化组织制定的标准。事实标准(de facto standards)是指没有任何官方或准官方标准设定机构确立的情况下，由个别企业或少数企业联盟在某个领域其专利技术处于领先地位，通过策略性竞争在市场中被大量使用而形成公认的标准，比如微软的 Windows 操作系统就是典型的事实标准。第三，根据标准规定的内容不同可以将技术标准分为基础标准、方法标准及产品标准。基础标准是对以共性要求为前提条件的对象制定的标准，如保证产品零部件互换的标准有公差、配合等。方法标准是以生产过程中的重要程序、规则、方法为对象的标准，比如测试方法、工艺规程、验收规则等。产品标准是以产品及其构成为对象，对产品的质量和规格所作的统一规定，规定产品的分类、基本信息、性能、精度、外观、成分及物理化学性质等。第四，根据标准产品网络效应的强弱可以将技术标准分为强网络效应标准和弱网络效应标准。强网络效应标准主要规范产品生产过程中的系统性的技术解决方案，比如兼容性标准。弱网络效应标准主要规范产品生产过程中的具体技术指标，比如质量与安全标准。第五，根据标准的执行力的差别可以将技术标准分为强制性标准和推荐性标准。强制性标准指通过法律、行政法规等强制性手段，在一定范围内实施的标准。值得指出的是，某些技术标准是为了适应某一具体目标而制定的，这些技术标准也常常能产生多种功能并涉及经济的若干方面。因此，将每一种技术标准完全地、排他性地归入一个单独的类别是不太可能的。

David(1987)给出了一种基于技术标准经济影响的分类方式，具体分为兼容性与接口标准、最低限度质量和安全标准、品种简化标准三种基本类型[27]。这种分类方式得到了学术界广泛的接受和运用。后来一些学者如 Tassey(2000)、Swann(2000)在这基础上对此分类进一步进行了扩展，增加了信息和测试标准这一类型[28-29]。但是，大多数学者都认为信息和测试标准实际上是前三类标准的一个混合，且这四类标准间没有十分明显的界限，它们之间常常存在交叠。比如，欧盟手机充电器标准，它规定了统一使用 micro-USB 接口技术（兼容性与接口标准)、具体的质量技术指标(最低限度质量和安全标准),又规定了各项测试要求(信息和测试标准),最终实现了品种简化的目标(品种简化标准)。本书研究的核心是食品安全标准对粮食的进口贸易效应问题,是从属于技术标准经济影响下的一个子问题,因此,本书采用 David(1987)的分类方式,把技术标准分为兼容性与接口标准、最低限度质量和安全标准、品种简化标准三种基本类型。

1. 兼容性与接口标准

随着网络型产业的发展,兼容性和接口标准的重要性逐渐凸显出来了。它主要是解决系统产品中各个部件之间的互联互通问题。部件之间的链接具体来说可以分为垂直链接和水平链接。垂直链接表示互补产品之间的链接,比如计算机、操作系统、office 软件间构成一个文字处理系统。另外,用户受过去训练或消费习惯影响也可能与某类产品构成互补关系。比如 office 软件与 WPS 软件的使用就与用户过去的训练相关,我国南方人以大米为主粮而北方人则爱吃面食就是受消费习惯的影响。水平链接表示具有大致相同功能的两件或多件产品、服务之间的连接与配合。比如固定电话之间即固定电话与移动电话之间的链接。兼容性与接口标准由于存在较强的网络外部性和较大的转换成本,其对生产者和消费者的福利将产生较大影响,因此,这类标准受到经济学家越来越多的关注。

2. 最低限度质量和安全标准

它是通过一系列与质量和安全相关的检测指标来规定产品或服务必须达到的最低限度的质量和安全水平,低于该水平的视为不合格品。在标准的新古典主义产品市场模型中,通常假定产品是同质的,而且消费者拥有该产品的完全信息。但是,对于大多数产品而言,随着产品多样性和复杂性的日益提高,消费者拥有产品的信息经常是不完全的,这就使得消费者在进行消费决策时面临着所谓的信息不对称。这种信息不对称的后果就是产生逆向选择或道德风险问题。Akerlof(1970)的研究认为,如果消费者在购买前不能区分产品质量的优劣,那么质量高的生产者很难维持一个溢价,从而可能被迫退出市场,产生劣币驱逐良币的现象[30]。最低限度质量和安全标准对于这个问题提供了一种可行的解决方案,它在很大程度上降低了信息不对称程度,并且还有利于降低需求方的搜索成本。

3. 品种简化标准

它是指通过对产品外观、型号等技术参数的设定来达到简化产品种类的标准。一个典型的例子就是对于纸张大小进行规范的标准(比如 A4、A3、A5、16K 等)。品种简化标准主要有两种不同的功能。首先,品种简化标准有利于形成规模经济。围绕同一品种简化标准,一方面可以获得原材料投入的规模化优势,另一方面还可以获得大规模生产与流通的优势。Blind(2004)认为,品种简化标准最开始出现在公司内部,它是企业在品种多样化与低成本之间权衡的结果[25]。

但是,对于消费者而言,由于其存在技术偏好差异,用户偏好的规格与所能提供的规格之间的分歧增加了,而这可能降低消费者的支付意愿(Farrell & Saloner,1986)[31]。其次,品种简化标准可以降低生产者所面临的风险。对于一项新技术而言,在市场早期阶段,由于生产者和消费者太过于分散,在市场发展过程中没有形成集中点或临界容量,而品种简化标准通过对产品多样性的约束可以促使市场临界容量的形成,避免新技术被锁定在实验阶段。

(三) 技术标准属性的演变

按照ISO的定义,技术标准主要指的是正式标准或法定标准。其强调的公认机构批准,是指技术标准草案必须经权威的国际标准机构或各国的政府标准化管理部门批准方能生效。因此,可以发布合法技术标准的除了各国政府之外,还包括联合国认定的30多个专门的标准制定组织,其中比较著名的包括ISO、国际电工委员会(IEC)、国际电信联盟(ITU)等。由这些组织和机构制定的技术标准都是公共的制度产品,标准文件所涉及的技术都是通用的或成熟的技术,不存在知识产权问题。这些技术标准追求是技术的普适性和应用性,一般不存在使用条件。众所周知,专利是为了保护专利权人的智力劳动成果而实行的一项制度安排。可见,早期的技术标准是与专利相悖的。因此,早期的技术标准除非是在强制许可的情况下,一般不涉及专利问题。如果技术标准无法回避某一专利,专利权人也是完全根据自身的意愿来决定是否把自己的专利纳入某一个技术标准,而标准制定委员会无权干涉(宋明顺等,2012)[32]。

自20世纪80年代以来,随着全球科学技术的飞速发展,科技创新成果出现了井喷现象,企业之间的技术竞争越来越激烈。在此背景下,企业及个人的知识产权保护意识也不断强化,大多数科技创新成果都申请了专利保护。因此,此时的技术标准制定已经涉及越来越多的专利问题。同时,在标准制定组织方面,除了各国政府与联合国认定的一些标准制定组织外,以企业、行业协会及研究机构等为主体的"技术标准联盟"开始在技术标准制定中发挥越来越重要的作用。这些私人组织在利益驱动下越来越倾向于将自身的专利纳入技术标准,以至于在许多领域出现了没有专利就没有新的标准。鉴于此,各国政府和国际标准制定组织为适应这一时代潮流,纷纷制定了专利纳入技术标准的一些相关政策,如ISO、IEC及ITU在20世纪90年代末和21世纪初分别制定其知识产权政策。这些政策虽然各有其侧重点,但都一致允许将专利纳入技术标准。在此背景下,专利进入技术标准既是标准制定各方博弈的必然结果,也是科技飞速发展的时代趋势。从此以后,技术标准作为一项制度安排不再是一种纯粹的公共品,其私人属性越来越明显。

(四) 食品安全标准

针对食品安全的法规及标准最早可以追溯到古代。考古研究表明,早期历史上的统治者就已经开始注意到制定规章和标准来保护消费者免受不安全食品的侵害。古亚希利亚人的浮雕中就有对粮食准确称量和度量标准的描述;古雅典人已开始对啤酒和葡萄酒的纯度和质量安全进行检查;古罗马人已有食品控制体系和保护消费者免受欺骗的措施。在中世纪的欧洲,一些国家颁布了鸡蛋、香肠、奶酪、啤酒、葡萄酒等相关食品的标准和产品说明,其中最著名的当数奥匈帝国时期的食品法典。到了20世纪初期,各国纷纷建立自己国家的相关食品法规。20世纪末以来,在经济全球化的浪潮下,分割的国家市场开始逐步连接成为一体化的世界性大市场,全球范围内与经济有关的法律法规及标准等制度出现了趋同化倾向(李双元等,2006)[33]。同时,实践界与理论界也认识到食品安全标准的国际趋同可以有效应对食品安全、国际贸易、食品污染与食源性疾病全球化问题(江虹,2016)[34]。然而各国自成体系的食品安全标准使国际食品贸易产生了诸多的不便,为了解决相关的食品贸易争端,在国际食品贸易商及各国政府的共同努力下,食品安全标准开始由区域化走向国际化,由差异化走向趋同化。

国际食品法典委员会(CAC)是联合国粮农组织(FAO)和世界卫生组织(WHO)共同建立的,是一个以保障消费者健康和确保食品贸易公平为宗旨,制定国际食品标准的政府组织。CAC主要负责制定统一协调的国际食品标准、准则和行为手册,它认为制定国际统一的食品标准是保护消费者健康、确保食品质量安全、减少贸易壁垒、整合全球市场的重要手段。CAC的食品法典标准体系包括商品标准、最大残留限量标准、推荐操作规范、指南文件及分类标准。商品标准主要用来规范一项食品非安全性的质量要求;最大残留限量标准是有具体限量指标值的标准,包括农药残留最大限量标准、食品中兽药残留最大限量标准和外来污染物最大残留标准;推荐操作规范主要是一种全方位立体式控制整个食品安全与质量的体系,主要涉及具体的商品技术或卫生操作规范;指南文件主要是某类食品的指导性、原则性标准,涵盖了食品标签及包装、取样和分析方法、食品进出口检验和认证体系、贮藏规范等多个方面;分类标准主要是食品、饲料及与食品质量与安全方面相关的分类及定义标准。CAC标准作为国际层面的政府间协调标准,对发展中国家和发达国家的食品生产商和加工商的利益是同等对待的(钱和等,2016)[35],因此,其在全球各国食品安全标准的丛林中具有很强的权威性。

我国当前的食品安全标准体系是在新中国建立以后逐步发展起来的,到目前已经形成了比较完备的体系。我国食品安全标准按级别分为国家标准、行业标准、地方标准和企业标准。按标准性质分为强制性标准和推荐性标准。按标准内容分为食品工业基础及相关标准、食品卫生标准、产品标准、食品包装材料及容器标准、食品添加剂标准、食品检验方法标准及各类食品卫生管理办法。近年来，为了进一步履行入世(WTO)承诺，我国的食品安全标准的制修订过程中越来越注重与CAC国际标准接轨。

从以上分析可知，CAC国际标准与我国的食品安全标准均是一个广义的概念，是涵盖安全指标、质量指标、检测方法、管理程序等方面的一个综合体系。通过系统考察文献研究现状发现，学者们在进行现状分析、理论分析时大多是从广义的食品安全标准概念出发，而在具体的实证研究中，则主要是以涉及食品安全指标的相关标准为代表来进行研究(鲍晓华，2011；王瑛等，2014；米利群等，2014；张肇中等，2013；赵雅玲，2010)[10,36-39]。这些安全指标主要由几个方面的具体标准构成：一是涉及食品中农药残留的相关标准，二是涉及食品中污染物的相关标准，三是涉及食品中真菌霉素的相关标准，四是涉及食品中兽药残留的相关标准。在这四类标准中，涉及食品中兽药残留的相关标准主要是针对肉制品、奶制品等动物类食品，而植物类食品主要是与前三个方面的标准相关的。由此类指标构成的食品安全标准我们定义其为狭义的食品安全标准，它是指食品相关产品中的致病性微生物、农药残留、兽药残留、重金属、污染物质以及其他危害人体健康物质的限量规定的标准，是一国食品安全标准体系中最重要的组成部分，从标准的经济影响角度它主要属于最低限度质量和安全标准，当然，其也有部分兼容性与接口标准和品种简化标准的功能和属性。对照技术标准的其他分类，我们对本书所研究的食品安全标准做进一步的限定：从层级上限定其为国家标准、从制定人角度限定其为法定标准、从网络效应角度限定其为弱网络效应标准、从执行力角度限定其为强制性标准。

三、国际贸易与进口贸易效应

在社会分工体系中，由于个体在资源禀赋及现有条件的约束下选择了不同的专业，从而产生了同种产品的生产率的差别和某一方面的优势，进而形成了贸易的基础。因此，可以说贸易是专业化生产和多样化消费这一矛盾的解决方式，贸易本质上是分工的结果(钟昌标，2002)[40]。当交易效率提高，分工进一步深化到可以突破国内市场规模的限制时，国际贸易就产生了。随着分工与交易效率的进一步改进，经济系统的一般均衡会从低水平的分工状态演进到高水平的分工状态，国际贸易也进而得以扩大化(鞠建东等，2004)[41]。

纵观贸易理论的发展历程，其大致经历了亚当·斯密的绝对比较优势理论、李嘉图的相对比较优势理论、要素禀赋理论(古典贸易理论阶段)、要素均等化理论、斯托帕尔—萨缪尔森定理(新古典贸易理论阶段)、迪克西特—斯蒂格利茨模型、克鲁格曼南北贸易技术转移模型(新贸易理论)、内生贸易理论等发展阶段

(胡昭玲,2006)[42]。贸易效应的研究是在贸易理论的研究过程中而衍生出来的概念,比如关税的贸易效应、技术的贸易效应等,它是贸易理论的重要组成部分。综合各种贸易理论对贸易效应的研究和认识,本书认为贸易效应是指在诸多影响贸易的各种因素中,由于某一因素的变化而引起某一贸易主体进出口量的变化。

进口贸易是国际贸易按产品移动的方向进行分类的一种具体类型,是相对于出口贸易和过境贸易而言的。因此,在贸易效应定义的基础上,本书认为进口贸易效应就是指在诸多影响进口贸易的各种因素中,由于某一因素的变化而引起某一贸易主体进口量规模与结构的变化。当前,生产制造过程中对"连续性""均衡性""节奏性""稳定性"的要求与市场对"多元化""个性化""差异化""动态化"的要求之间存在着天然的矛盾,这使得分工、贸易与标准化联系成了一个整体。因此,就本书的研究对象而言,食品安全标准对粮食的进口贸易效应就是指由于中国国内食品安全标准的变化而引起粮食进口量的规模与结构变化,它反映的是食品安全标准与粮食及粮食分品种进口量之间的一种数量关系,它蕴含的是食品安全标准与粮食进口之间的一种内在的、本质的联系。

第四节　研究方案与创新之处

一、研究方案

(一)研究的目标与内容

21 世纪以来,技术标准经济学的理论研究在经历了从 20 世纪 80 年中期开始的第一个研究高潮后,出现了一个比较明显的停滞期,实证研究也主要是以发达国家为主。鉴于此,本研究的总体目标是在理论上直接探讨食品安全标准进口贸易效应的形成机理;在实证上以发展中国家中国的食品安全标准及粮食进口贸易作为研究对象,研究二者的数量关系并进行政策模拟;在应用上以保障我国粮食安全为目标,提出运用食品安全标准对我国粮食进口进行调节的相关政策。本研究试图进一步拓展技术标准经济学的理论与实证研究,延伸其实践应用领域。具体而言,其子目标与主要研究内容如下:

第一,文献综述。首先通过系统的文献资料整理,分析贸易与粮食安全的相关研究,探讨贸易效应在技术标准经济学研究中的源起,厘清技术标准国际贸易效应的理论研究脉络,在此基础上分别从发达国家、发展中国家及中国来分析技术标准实证研究的基本现状。通过文献研究一方面限定本研究的基本范畴,初步确定本研究的理论框架及相关理论基础,另一方面从文献的角度进一步论证本研究的学术前沿性及操作的可行性。

第二，中国食品安全标准及粮食进口的基本现状。厘清中国食品安全标准及粮食进口的基本现状是本书开展后续研究的现实基础。一方面，本研究将系统地梳理新中国成立以来我国食品安全标准的发展历程，划分其演变阶段，分析发达国家(地区)食品安全标准运作的经验，进而在此基础上归纳我国食品安全标准存在的主要问题。另一方面，本研究将通过对中国粮食进口、粮食生产、粮食消费等数据资料进行系统的统计分析，明确中国粮食进口的基本现状及其对国家粮食安全的现实影响。

第三，食品安全标准进口贸易效应的理论研究。从理论上明确食品安全标准进口贸易效应的形成机理是本研究的理论基础。本研究与以往研究不同，我们不试图构建一个抽象的技术标准国际贸易效应模型，而是以进口国的食品安全标准为基准，从分析食品安全标准对粮食产业、粮食市场及粮食国际贸易的影响出发，构建食品安全标准进口贸易效应的理论模型，进而通过对理论模型的演绎探讨食品安全标准进口贸易效应的形成机理。通过本部分的研究，一方面从理论上框定了本研究的基本范畴，另一方面又指明了实证研究的基本方向。

第四，食品安全标准对粮食进口贸易效应的实证研究及政策模拟。通过实证研究不仅可以验证食品安全标准进口贸易效应的形成机理，还可以从定量的角度探讨我国食品安全标准与粮食进口贸易的数量关系，为政策分析提供依据。技术标准的测算既是实证研究的基础，也是技术标准国际贸易效应实证研究中的一个难点，已有的研究大多以标准文件颁布的数量来进行替代，这在宏观分析中已被广泛接受。然而，针对于食品安全标准而言则具有明显的缺陷。因此，本研究首先将在前述对我国食品安全标准现状分析的基础上，提出食品安全标准的测算方法并对粮食类食品安全标准进行具体测算；然后在食品安全标准进口贸易效应理论研究基础上，构建食品安全标准与粮食进口贸易的非线性计量模型，进而分别从粮食进口贸易总量的角度和粮食进口贸易分品种的角度进行时间序列回归分析及面板数据回归分析，从而明确我国食品安全标准与粮食进口贸易的数量关系；接下来在理论研究与计量模型的基础上，对食品安全标准与粮食进口进行政策模拟，明确运用食品安全标准调控粮食进口的政策着力点和调控效果。

第五，结论与政策建议。本部分首先系统地总结归纳本研究的基本结论；然后以确保我国粮食安全为目标，从食品安全标准的角度提出相应的政策；最后是反思本研究存在的不足及对未来研究方向进行展望。

(二) 研究的思路与方法

本研究以技术标准已成为国际贸易的重要影响因素为理论立足点、以粮食进口已成为解决我国粮食安全问题的重要途径为现实立足点，来系统地研究我国食品安全标准对粮食的进口贸易效应。在此研究主题下，本研究在总体上遵循“理论研究→实证研究→应用研究”这一逻辑路径，综合运用多种研究方法，首先通过文献梳理归纳本研究所涉及的相关理论，夯实研究基础；其次分析我国食品安全标准的基本现状和主要问题，以及粮食进口的基本现状及其对粮食安全的影响，理清研究的现实基础；然后分析食品安全标准对粮食产业、粮食市场及粮食国际贸易的影响，构建食品安全标准进口贸易效应理论模型，探讨食品安全标准进口贸易效应的形成机理，形成基本理论框架；接下来研究我国食品安全标准的测算方法并对我国粮食类食品安全标准进行测算，获取实证研究核心数据，进而构建食品安全标准的粮食进口贸易效应计量模型，进行回归分析和政策模拟；最后系统地总结归纳本书的基本研究结论，并以确保国家粮食安全为目标，从食品安全标准角度提出相应的政策建议。本书研究的基本技术路线图如图 1-1 所示。

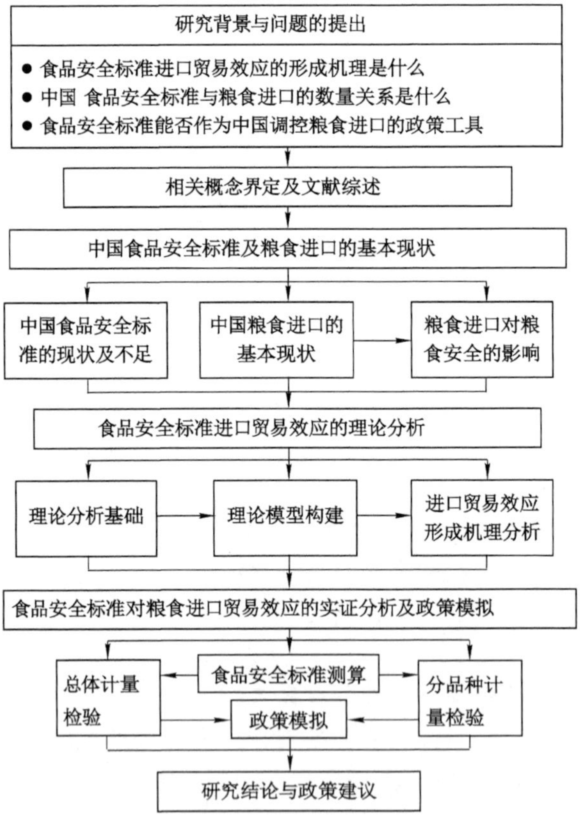

图 1-1　研究基本技术路线图

本书在综合运用经济学、技术标准经济学、国际贸易、粮食安全等理论的基础上，在总体上采取理论研究与调查研究相结合、规范研究与实证研究相结合的研究方法，针对一些具体关键问题，主要采取以下研究方法：

第一，文献研究法。广泛查阅国内外文献资料，跟踪了解粮食安全及粮食贸易、技术标准及技术标准国际贸易效应研究的基本现状，梳理研究脉络；重点分析贸易对粮食安全的影响、技术标准国际贸易效应的理论与实证、基于贸易视角的标准化政策等相关文献，为本研究提供理论借鉴。

第二，归纳分析法。在文献研究的基础上，对各类文献进行系统分类整理，探索研究前沿，分析研究的理论意义，理清相关理论基础；通过归纳分析技术标准国际贸易效应文献中的经典理论模型，提出本研究理论模型的基本假设；在本研究的理论与实证研究基础上，从食品安全标准的视角归纳提出以确保我国粮食安全为基本目标的相关政策建议。

第三，数理演绎法。在分析食品安全标准对粮食产业、粮食市场及粮食国际贸易的影响基础上，运用竞争均衡理论，构建食品安全标准进口贸易效应的数理模型，在此模型基础上，通过边际分析，研究食品安全标准进口贸易效应的形成机理。

第四，数理统计法。通过相关的统计数据分析我国食品安全标准与粮食进口的基本现状，阐述研究的现实基础及实践价值；通过对我国食品安全标准文本的系统调查，分析其基本演化历程；在此基础上结合文献研究，提出食品安全标准的测算方法，并对我国粮食类食品安全标准进行具体测算。

第五，计量分析法。运用时间序列计量回归技术，从总体上分析我国食品安全标准对粮食的进口贸易效应；运用面板数据计量回归技术，从粮食各分品种的角度对实证结论进一步验证，并分析各个粮食品种之间进口贸易效应的差异；在此基础上，归纳食品安全标准与粮食进口的数量关系。

第六，模拟仿真法。在理论分析和计量模型的基础上，从技术与制度角度构造简化的食品安全标准函数，然后据此设计不同的政策模拟情景；以我国近三年食品安全标准测算的平均值为初始值，根据不同政策模拟情景分别从总量和分品种的角度对不同的情景进行政策模拟，进而分析政策效果。

二、创新之处

本书的创新之处主要体现在以下三个方面。

第一，从研究对象上来看，本研究抓住中国目前粮食进口规模大增这一经济现象，以进口国的食品安全标准及进口贸易效应为研究对象，以确保国家粮食安全为目标，这是在以往研究基础上的进一步具体化。本研究在理论上是一个新的研究领域，提出了食品安全标准一方面可以确保粮食质量安全，另一方面又可以通过调控粮食进口，进而为粮食数量安全提供保障的基本学术观点；本研究在应用上以中国为样本，论证了运用食品安全标准调控粮食进口的必要性、可行性及可操作性，可以为我国“以我为主、立足国内、确保产能、适度进口、科技支撑”的最新粮食安全国家战略的实施提供一定的参考。

第二，从研究思路上来看，以往的研究在理论与实证上，要么认为技术标准对国际贸易具有促进效应，要么认为技术标准对国际贸易存在抑制效应，这种非此即彼的研究思路所得到的最终研究结论形成的是一个技术标准国际贸易效应的线性化理论框架，依据这种理论框架可能提出相互矛盾的实践对策。与以往的研究不同，我们认为进口国的食品安全标准对进口贸易的促进与抑制效应是随时间而动态变化的，进而我们通过理论模型的演绎及计量回归检验构建了一个食品安全标准进口贸易效应的非线性理论框架，研究得出了中国食品安全标准与粮食进口呈“N”形数量关系的新结论。在我们的理论框架下，食品安全标准进口贸易效应优化的实践对策并不是单向固化的，而是应该根据时点的条件而动态变化。这一研究思路和分析框架可以为技术标准的贸易效应研究提供新的启示。

第三，从研究方法上来看，在以往研究的基础上我们主要进行了两点改进，一是在理论模型上虽然我们借鉴了原有的研究框架，但是与以往单纯从技术的角度来看待技术标准的理论模型不同，我们把食品安全标准看作是技术与制度的复合体，把制度因素引入了理论模型，这种改变的主要意义在于使得我们在进行技术标准的实践时不仅可以从技术的角度还可以从制度的角度进行政策设计。二是在计量实证上，虽然我们基本遵循了以往的计量模型设计及回归方法，但是在核心解释变量技术标准上，与以往主要通过标准文件数量、虚拟变量及单一的标准水平指标等方法来测算技术标准的研究不同，我们以食品安全标准中涉及粮食的技术检测指标为测算对象，这有利于提高实证结论的精确性。

第五节　本章小结

本章从研究背景的分析出发，对本研究的基本问题、研究意义、相关概念、研究方案、创新之处进行了归纳式的概述。我们认为，在技术标准是国际贸易的基本要素和竞争焦点、食品安全标准在国际农产品贸易中的作用日益凸显、粮食进口已成为解决我国粮食安全问题的重要途径的背景下，我国基于粮食安全的食品安全标准政策体系亟待加强。而要有针对性地提出保障粮食安全的食品安全标准政策建议又有三个极其重要的、同时又是相辅相成的关键问题需要明确：一是食品安全标准进口贸易效应的形成机理是什么？二是中国食品安全标准与粮食进口的数量关系是什么？三是食品安全标准能否作为中国调控粮食进口的政策工具？对于这三个问题的解答，我们认为应该进一步拓宽对技术标准内涵的认识，明确食品安全标准对粮食产业、粮食市场及粮食国际贸易的影响，探明食品安全标准进口贸易效应的形成机理，针对食品安全标准的特点创新标准的测算方法并进行实证检验和政策模拟。鉴于此，我们确定了“中国食品安全标准对粮食的进口贸易效应”这一基本研究对象，试图为我国食品安全标准体系的完善提供理论与实证支持，为解决我国粮食安全问题提供一个新的政策分析工具，促进技术标准理论在粮食安全领域的应用，从而进一步深化和丰富技术标准的国际贸易效应理论。

第二章 文献综述

本章通过文献梳理，分析技术标准国际贸易效应的研究脉络及研究前沿，明确其所涉及的重要经济理论，从而为本书的研究提供文献及理论的支持。本章研究的基本思路为：首先，在本书概念体系的基础上，对粮食安全、粮食进口、技术标准贸易效应等问题进行具体的文献综述，比较各种学术观点的异同并进行分类整理，形成文献梳理的基本脉络；然后，对文献进行系统的总结与评论，为本书研究提供理论支持。

第一节 贸易与粮食安全的相关研究

粮食安全是一个全球性问题。对于拥有13亿多人口的中国来说，更是一个事关国家稳定的重大民生问题。影响粮食安全的因素包括自然条件、农业科技、资源禀赋、贸易等诸多方面。随着全球化进程的加快，贸易因素的重要性日益凸显，学者们对此的研究也日益丰富。

一、贸易对农业产业的影响

农业产业的产出关系到人类的生存，但农业产业的生产又极大地受制于各地的自然资源禀赋，因此，农产品的供需矛盾问题一直是经济学研究的重点。贸易对农业产业的影响源自市场非均衡调控思想。马克思(1848)认为生产资料的资本主义私人占有制和社会化大生产的矛盾是资本主义社会的基本矛盾，这一矛盾运动的后果之一就是造成生产无限扩大的趋势，进而使得社会有效需求相对缩小，最终形成生产过剩的市场非均衡[43]。之后，魏克塞尔(1898)、凯恩斯(1936)、希克斯(1939)等经济学家都致力于解决市场非均衡问题，并形成了以货币政策、财政政策为主要工具的宏观经济学体系[44-46]。随着乌拉圭回合谈判的开展，学者们开始进一步关注贸易条件的变化对农产品市场非均衡的影响。Valdes and Zietz(1980)认为，发达国家的农产品关税降低及农产品市场开放将会促进发展中国家农产品的出口，对其农业生产产生积极的正面作用[47]。Harrison et al.(2003)对巴西所面对的区域单边与多边贸易政策进行了研究，他们认为，贸易自由化对巴西农业部门的产品出口具有促进作用，从整体上对其经济增长及贫困问题的解决产生了积极影响[48]。郝晓燕等(2017)采用时变衰减SFA模型测算农业全要素生产率,结果表明,进、出口贸易额增加均能提高农业全要素生产率水平,相对于进口贸易来说,增加出口贸易对农业全要素生产率水平的提升作用更显著[49]。高奇正等(2018)运用新贸易理论,对1995—2015年38个国家(地区)的农业研发资本存量和农业贸易额的关系进行了估计,研究认为在农业领域存在显著的贸易技术溢出效应,且发达经济体承担了更多的技术溢出作用[50]。

然而,Sharma et al.(1996)的实证结论发现,国际贸易条件的改变对非洲等发展中国家的农业生产及粮食进口产生负面作用[51]。Ingco(1997)指出,发达国家国内的农业保护政策及严格的农产品进口标准对发展中国家的贸易福利产生了更大的负面作用[52]。除了对发展中国家的整体研究之外,一些学者还对一些发展中国家进行了单独分析。Lips et al.(2003)分别对斯里兰卡和孟加拉的实证研究显示,这些国家参与区域和全球贸易自由化活动对国内农产品的生产和贸易产生了一定负面影响[53]。Anderson(2003)对中国和印度的研究表明,这两国粮食生产的品种结构会受到不同贸易政策选择的影响[54]。黄季焜等(2003)构建了CAPSiM模型考察贸易自由化政策对我国农业部门的影响,他们指出,长期来看,我国城镇化及工业化的发展导致了资源大量流出农业部门,从而会使得农业部门的生产效率下降[55]。高颖等(2013)认为,我国在加入WTO后,农产品市场开放程度的扩大对我国农业生产和粮食安全产生了不利影响,他们实证发现,我国政府的农业税减免、种粮农民直补等惠农政策对这种不利影响具有一定程度的减弱作用,他们进而指出我国应该通过借助一些非贸易措施来缓解农产品市场扩大开放造成的消极影响,或强化其积极影响[56]。罗浩轩等,周曙东等(2019)探讨了贸易争端对中国农产品进出口格局以及产业链的影响,结果表明中美互相加征关税后,使得双方都陷入了“贸易困境”“价格困境”“补贴困境”及“全球化困境”之中[57-58]。

二、粮食进口对中国粮食安全的影响

粮食安全作为中国的一个研究热点问题,一直受到学术界的关注。学者们大多从粮食的生产、消费、储备等环节来考察中国粮食的供需状况与存在的问题,进而提出保障粮食安全的相关政策。最早使中国的粮食进口问题产生国际轰动效应的是美国学者Brown(1995),他在《谁来养活中国》一文中指出,随着中国经济的快速发展,人们收入的提高将会使得其饮食结构迅速多样化,从过去的主要依赖于淀粉类主食转变为更多地食用肉、禽、蛋、奶等高蛋白质食品,进而造成对粮食需求的激增。他在对我国粮食生产能力进行分析的基础上,预测到2030年我国的粮食供需将出现大量缺口,粮食进口对于解决这一供需缺口而言只是杯水车薪[59]。抛开意识形态角度的所谓“中国威胁论”，Brown 的观点确实掀起了学术界对中国粮食进口问题的研究热潮。一些学者认为，粮食安全问题是动态变化的，在不同阶段、不同时期具有不同的特点，在研究时应该具体把握（姜长云，2002）[60]。现阶段，我国粮食供给已由解决温饱问题向满足人们小康生活需要的方向转变，这就使得我国在粮食安全的保障上出现了许多新情况。

加入 WTO 后，中国粮食市场对外开放程度得到了空前的提高，学者们对此进行了系列研究，出现了两种相互对立的观点。一种观点认为，中国的人均耕地和淡水资源相对缺乏，农产品市场扩大开放后，中国粮食生产的比较劣势问题将进一步凸显，粮食的自给率将会下降，这将导致粮食进口的不断增加，从而在整体上危及国内粮食安全（Anderson，2003；Tong，2003；蒋庭松，2004；马翠萍，2017）[54,61-63]。另一种观点认为，中国加入 WTO 有利于农业部门在全球范围内进行农业资源的优化配置，按照比较优势的原则对农产品的生产结构和产业布局进行调整，使不具备比较优势的地区及农产品退出生产领域，由此导致的供需缺口则可以通过进口来填补，这有利于中国农业资源向具有比较优势的农产品生产集中，提高农业生产效率，因此，粮食的自给率并不会显著下降（Fuller et al.，2001；卢峰等，2001；林毅夫，2004；朱晶等，2004；蔡昉，2005）[64-68]。其实，这两种观点产生分歧的核心在于学者们对粮食安全的界定及衡量标准的不同。长期以来，维持较高的粮食自给率一直是中国政府保障粮食安全所考虑的核心目标，而扩大农产品国际贸易开放就意味着对粮食进出口管制的放松，这就可能拉低中国的粮食自给率，进而危及整个粮食安全（高颖等，2013）[56]。

最近 10 余年以来，随着中国政府对“三农”问题的持续重视以及国内工业化和城镇化的不断推进，中国粮食的生产与消费都发生了重大变化，一些学者指出，不能单纯地以粮食自给率来作为判断粮食安全与否的唯一标准。在粮食市场不断对外开放的新环境下，应充分利用国际市场来为保障国内的粮食安全服务。傅龙波等（2001）考察了中国小麦、玉米、稻米、大豆及大麦五类主要粮食品种的进口来源国数据，研究发现，虽然中国主要粮食品种的进口来源国比较集中，但就目前的进口水平而言尚未威胁到国内的粮食安全，因此，适当地利用国际市场有利于维持国内粮食安全。他们还指出，如果能够使进口来源国进一步多样化，则对国内粮食安全的保障将更有利[69]。Park et al.（2002）、尚强民（2015）等认为，随着农业科技的进步，中国粮食的生产能力将得到进一步提高，这将抵消大部分因消费升级而增加的粮食需求，我国粮食进口需求相对与全球供给能力来说不大，因此，中国可以利用粮食进口来保障国内粮食安全[70-71]。钟甫宁等（2009）认为，我国粮食生产缺乏比较优势，在有效地控制进口风险的前提下，粮食进口有利于维持我国的粮食安全[72]。刘林奇等（2014）认为粮食进口既在一定程度上可以弥补粮食供求缺口，增进粮食安全，也具有一定的风险性，他通过实证分析评价了我国当前的粮食进口风险，认为当前我国粮食进口的风险较低，不会造成粮食安全问题[73]。农业部农业贸易促进中心课题组(2016)认为，确保粮食的适度进口是我国新粮食安全战略的重要内容，当前"非必需进口"的大幅增加使得粮食进口过度问题凸显，给国内粮食安全带来极大的挑战[24]。

三、粮食进口的影响因素研究

在粮食进口与粮食安全研究的基础上，学者们开始关注影响粮食进口的各种因素。Ortalo-Magne(1990)的实证研究显示一国的国民收入对粮食进口的需求弹性具有显著的影响[74]。Won et al.(2001)认为粮食作为大宗消费品，其进口需求弹性不但受一国国民收入的影响，还将受到其汇率的影响[75]。Mao et al.(1997)和 Charalambos (1999)分别运用 Rotterdam 模型和无约束误差修正模型分析了贸易政策对不同质量等级的小麦进口量的影响[76-77]。赵亮等(2012)在 Charalambos 研究的基础上，建立谷物进口需求函数的无约束误差修正模型，研究了我国谷物进口对收入与相对价格的短期和长期弹性，研究结果发现收入与相对价格对谷物进口的影响不但存在品种差异，而且还存在进口国别差异[78]。王锐(2015)分析了我国粮食进口增长特征及趋势，进而构建了非结构化的向量自回归模型对我国粮食进口的影响进行了实证分析，研究发现我国粮食进口主要受国际国内粮价、国内农业生产成本、人民币对美元汇率、国际油价等因素的影响[79]。而与王锐的研究结论不同，王新华等(2014)利用逐步回归法对我国粮食进口的影响因素进行了实证研究，研究认为，汇率、价格、收入等对中国粮食进口没有显著影响，而国家的贸易政策因素对粮食进口的影响显著[80]。钟钰等(2015)运用系统 GMM 估计方法分析我国粮食进口与国际粮食价格间的关系，研究认为我国粮食进口与国际粮食价格之间存在着较为显著的正向弹性关系，但是影响系数很小，"大国效应"很微弱，国际粮食价格变动主要还是受其自身惯性的影响[81]。肖国安等(2017)运用 2008—2015 年我国粮食月度进口量和价格数据实证分析了粮食进口量与国内粮食价格之间的关系，他们认为粮食进口量与国内粮食价格之间在总体上存在长期均衡关系，从分品种来看，大豆和大米的进口对国内价格波动有一定的影响[82]。

技术标准作为政策因素自 Marshall(1919)率先分析工业标准与贸易的关系以来[83]，其对贸易的影响就受到经济学家们的关注，学者们围绕技术标准是促进了国际贸易还是抑制了国际贸易开展了一系列理论与实证研究。一些学者认为，技术标准使得国内投资和消费产品变得更加透明，增加了供需之间的信任，降低了交易成本，是国际贸易不可或缺的基本要素和"语言"。而另一些学者认为，技术标准减少了市场上的商品种类、增加了产生成本和最终产品价格、因不相容而导致市场被分割、限制了产品的网络外部性，因此，其对国际贸易具有抑制效应。值得指出的是，Calvin & Krissoff(1998)、Otsuki & Wilson(2001)等认为，农产品作为人们食物消费的主要来源，技术标准在其贸易环节所产生的影响更加明显[84-85]。Jaffee & Henson(2004)、田东文等(2007)研究了国际食品安全标准、黄曲霉素含量标准对发展中国家农产品出口的影响。研究认为虽然从短期来看，国际食品安全标准会对发展中国家的农产品出口产生贸易壁垒效应；但是长期来看，则有利于发展中国家提升其食品安全的管理能力、促进其供应链的发展，是增强其农产品出口竞争能力的基础[86-87]。张华等(2015)在理论上分析了标准元素对农产品贸易动机、仲裁、贸易流向等诸方面的作用和功能，进而探讨了其在农产品国际贸易中产生和强势存在的原因。他们认为标准元素有利于农产品生产过程的环境保护、品质提升、规模增加、安全保证及技术积累，这最终将促进农产品品质和贸易规模的提升[88]。胡小平等(2010)利用人均合理营养标准预测了2020年中国主要粮食用途和品种的需求数量，研究表明，中国粮食需求总量将稳步增长，需求结构将发生明显变化，这将进一步促进中国粮食进口规模的扩大[89]。然而，徐雪(2003)认为，在国际贸易中，各国的环境与食品安全标准常常存在较大差异，这不仅降低了规则的透明性还提高了交易成本，且容易被贸易保护主义滥用，形成贸易壁垒[90]。鲍晓华(2011)就进口国食品安全标准对我国粮食出口贸易的影响进行了实证分析。研究结果显示：进口国的食品安全标准对我国粮食出口量具有显著的抑制效应[91]。

第二节　技术标准贸易效应的理论研究

在技术标准的经济学研究框架中，贸易效应的研究一直占据着十分重要的位置。然而，学者们在理论上对技术标准贸易效应的研究结论并未形成一致的认识，一些学者坚信标准是阻碍贸易的技术性壁垒，而另一些学者却认为标准是促进贸易的技术语言。理论界关于技术标准贸易效应的研究为本研究提供了重要的理论基础。

一、贸易效应在技术标准的经济学研究中的源起

对于标准与贸易的研究最早可以追溯到Marshall(1919)的经典著作《工业与贸易》一书中。在此著作中，Marshall在分析比较英国、美国、德国及法国的工业生产模式和贸易模式的相互关系时发现，美国的工业竞争力相对其他三国之所以更强，更能够引领世界工业发展，在很大程度上应该归功于美国工业的标准化生产及其产生的贸易效应。Marshall认为美国之所以能够产生众多的工业技术标准，主要得益于美国同质的市场需求和大量的移民劳动力。同质的市

场需求为标准化的工业产品创造了广阔的市场并最大限度地降低了产品的生产成本;而大量移民的涌入则为不需要熟练技术的标准化生产提供了廉价的劳动力[83]。可见,Marshall 对工业生产中的技术标准及其贸易效应问题相当重视,这些思想成为了日后技术标准经济学研究的重要理论基础。然而,受制于当时的国际贸易水平及分工水平,Marshall 提出的技术标准及其贸易效应问题在很长时间内并未引起经济学家们的重视。

20 世纪 80 年代中期,随着国际贸易的发展以及网络型产业的兴起,技术标准的经济学特点开始受到学者们的关注(Farrell & Saloner1985,1986;Katz & Shapiro,1986a,1986b;David & Greenstein,1990)[92-96]。早期学者关于技术标准的研究主要集中于标准竞争模型的构建及其福利效应分析之上,其所得出的基本结论之一就是企业间形成相互兼容的技术标准的激励将低于社会激励,也就是说由于网络外部性的影响,通过市场的完全竞争来形成技术标准是低效的,且技术标准竞争均衡的结果将导致路径依赖问题和市场锁定问题。因此,对于国际贸易而言,一方面技术标准供给的不足将直接影响贸易的顺利进行,另一方面在路径依赖规律的支配下将减少可供贸易的产品种类。随着国际分工越来越细化,国际贸易越来越频繁,且网络型产业的高速发展带动了传统产业的泛网络化,在此背景下,技术标准问题特别是其对国际贸易的影响越来越受到理论界的重视(娄朝晖,2011)[97]。

二、技术标准抑制国际贸易的理论研究

在早期的技术标准竞争理论框架下,大多数学者认为技术标准对国际贸易具有抑制作用。Fisher & Serra(2000)认为,国家标准和技术规则会成为贸易和竞争的障碍,因为政府会有意或无意地利用国家标准来避免不利的国际贸易环境[98]。Sykes(1995)指出了技术标准对贸易不利影响的具体作用方式,这些方式主要包括:减少了国际贸易市场上的商品种类、增加了产生成本和最终产品价格、因不相容而导致市场被分割、抑制了产品的网络外部性[99]。David & Shurmer(1996)认为,地方特点明显的国家标准会增加进口障碍,使出口国家产品在国际市场的适应能力下降,从而减少贸易量[100]。Kano(2000)研究认为,政府制定的最低质量标准即使从表面上看是非歧视性的,但是在贸易实践上却常常产生贸易保护的效果[101]。Casella(2001)认为,如果由少数大公司组成的企业联盟所制定的不受任何约束的国际标准将会导致反托拉斯问题,那么所有的国际工业标准都可能对工业内贸易的发展存在负面的影响。在他的标准竞争模型中提出了这样一个问题,如果几家大公司结成秘密联盟,不受国际标准的约束来进行产品生产,那么所有相互协调的国际标准对于产业内贸易的发展都可能是消

极的[102]。Ganslandt & Markusen(2000)采用传统贸易模型分析了技术标准对大国和小国贸易的影响,他们认为技术标准在整体上会引起成本的增加,从而会使得所有国家的贸易受损,然而对于小国而言,由于其规模经济发挥作用的空间与大国相比更为有限,也即成本的增加被规模经济对冲的更少,所以其在标准化的过程中所受的贸易损失更大[103]。Egan(2001)认为,国家标准可能会使得国内生产者的生产成本增加和登记注册制度更加繁杂,因而将导致生产者的障碍,进而降低了其出口能力[104]。

21世纪初,随着我国加入WTO,技术标准的国际贸易效应开始引起了我国经济学者的关注。强永昌(2002)构建了封闭经济条件下的环境标准经济效应模型,依据此模型他认为,环境标准对国际贸易的影响主要表现为出口国为了消除与进口国之间的环保水平差异而增加的要素投入量及要素投入的结构变化。其影响国际贸易的机制一是通过生产成本对国际贸易流向和竞争能力造成扭曲;二是通过强制性标准认证对外国产品的市场进入加以限制[105]。徐雪(2003)认为,在国际贸易中,各国的环境与食品安全标准常常存在较大差异,这不仅降低了规则的透明性还提高了交易成本,且容易被贸易保护主义滥用,形成贸易壁垒[90]。戚亚梅等(2009)、董银果等(2010)研究了私人标准对农产品的贸易效应,他们认为,私人标准虽然可以部分地促进产业内分工进而提高农产品的竞争优势,但是由于标准之间的协调相对于公共标准而言更难,且常常游离于国际条约之外,因而其贸易壁垒效应可能要大于其贸易促进效应[106-107]。刘晓峰(2014)指出,国际环境标准将推动各国对外贸易产业在全球范围内进行梯度转移,而由产业的跨区域转移所导致区域间贸易流量的变化,就是标准的贸易转移效应[108]。魏圣香(2016)认为发达国家纷纷建立生质燃料的可持续标准不利于保护发展中国家的利益,欧盟生质燃料可持续标准可能产生严重的贸易歧视[109]。王婉如(2018)利用伯特兰德双寡头模型从理论上分析了以技术标准为主要工具的非关税壁垒的经济效应,指出非关税壁垒由于其隐蔽性等特点逐渐被发达国家广泛使用,逐渐成为了贸易保护的主要工具[110]。

三、技术标准促进国际贸易的理论研究

就国际贸易而言,不同生产者在产品质量或者价格上的绝对差异决定了他们的竞争力。优于竞争对手的企业将不断地拓展其产品的市场份额,相反,在竞争力上处于劣势的企业其市场份额将会不断地萎缩乃至被驱除出市场,而技术标准对于产品的质量提升具有重要作用,因此,一些学者据此开始认识到技术标准对国际贸易的促进作用。Antonelli(1994)、Amable & Verspagen(1995)、Matutes & Regibeau(1996)认为,在技术创新完成后,由此而形成的事实标准或法定标准将使得产品或者流程的创新变得越来越精细和成熟。虽然此时的技术

标准具有一定的公共产品性质，依赖这类标准的产品也可以在其他任何地区进行生产，但是由于在对标准的遵循过程中存在高昂的适应性成本，对于那些没有对标准化过程施加影响的局外企业在使用该技术标准时可能面临着巨大的劣势[111-113]。Boom(1995)认为，由于消费者租金的增加和生产者租金的降低存在一个权衡问题，所以质量标准对产品贸易的质和量的影响取决于他们的协调水平以及对技术创新的影响程度，就跨区域、国际性标准而言，由于它能够就产品型号、重量及质量等参数达成共识，从而能够促进贸易，消除贸易壁垒[114]。

与特定的国家标准相比，一些学者认为国际标准在国际贸易中的积极作用要更加明确。Adams(1996)认为，国际标准的存在能够消除技术性贸易壁垒，提高产品在国际市场的兼容性，减少交易成本，有利于国际市场的运行，从而积极地促进进口和出口[115]。Maskus & Penubarti(1998)根据产品生命周期理论认为，在知识产权保护下的国际标准对贸易绩效具有明确的积极影响，因为其他人使用嵌入该标准中的核心技术将会受到限制[116]。Liebowitz & Margolis(1995a,1995b)对国际标准竞争中的路径依赖提出了置疑。他们认为从历史和经验证据来看，现实中是找不出路径依赖存在的案例[117-118]。Liebowitz & Margolis认为三级路径依赖的产生所需条件十分严格，他们重新分析了Arthur(1989)的例子[119]，证明只有掌握充分信息的用户知道存在更优的路径而没有采纳时，才会产生三级路径依赖，但这又与理性经济人的效益最大化目标相矛盾。否则只可能存在二级路径依赖，这样国际标准对贸易的阻碍作用就失去了理论支持[117-118]。

随着研究的深入，技术标准作为一项制度安排的属性开始受到学者们的重视，从制度的视角，一些学者也发现了技术标准对国际贸易的促进作用。Wallner(1998)运用古诺三寡头模型的分析表明，标准可以作为战略工具，通过在本国和外国生产者之间创造不对称来提高本国的贸易效应和国内福利；另外，本国与贸易伙伴如果建立严格的标准互认协议则有利于双方贸易效应的提升[120]。德国国家标准(Din,2000)强调了国家标准对于国际贸易的积极效应，该组织认为，技术标准作为一项以国家信誉为保证的制度安排使得国内投资和消费产品变得更加透明，尤其是对于国外消费者和生产者，对执行标准的企业具有成本和质量优势。该组织还指出技术标准能让出口国作出最优的投资决策，生产出适合国际市场的产品，也能减少贸易成本，提高产品质量[121]。Chen & Mattoo(2004)从区域标准对贸易的影响角度进行研究发现，关于标准的区域协议能够增加参与国的贸易，而且接受区域协调标准也能够促进区域外发达国家向区域内国家的出口。另外，他们还特别指出区域内国家间进行标准互认对区域内贸易具有普遍的促进作用[122]。Blind(1999)指出，技术标准作为一种技术制度将导致国家间的技术鸿沟，而作为内生性的技术其重要特点之一就是在拥有公共效应的同时也具备私人效应，标准依循国是不可能完全通过技术模仿而到达技术前沿，因此，通过标准而固化的技术鸿沟将对标准制定国和标准依循国的经济增长和贸易产生重要的影响[123]。Blind(2004)指出，从产业内贸易的视角来看，国际标准能有助于产品更新的专业化，而产品更新是产业内贸易的特点所在，因此，国际标准对于贸易的总体效应以及产业内贸易的多样化均具有积极的影响[25]。Oliver & Matthias(2006)从新制度经济学的视角对中间产品的标准化与国际贸易进行了系统地研究，他们认为在满足规模经济、运输成本等条件下，全球生产者竞争的结果是由一个完全垄断者生产和出口标准化中间产品。因此，垄断者所在国的最终产品生产者相对于其他国的生产者而言拥有更低的运输成本优势，将向世界市场出口更多的最终产品[124]。

最近几年，随着我国在国际贸易中地位的不断提升，我国一些学者也开始重视技术标准对国际贸易的促进作用。宋明顺等(2012)指出"技术专利化、专利标准化、标准国际化"已经成为创新型国家发挥技术标准促进国际贸易发展的最优路径[32]。他们认为技术标准促进国际贸易发展的机理包括标准传播专利具有天然的法理性、标准联盟有利于发挥产品的双重网络效应、技术标准所含专利的传播具有"载波效应"三个方面。张华等(2015)在理论上分析了标准元素对农产品贸易动机、仲裁、贸易流向等诸方面的作用和功能，进而探讨了其在农产品国际贸易中产生和强势存在的原因。他们认为标准元素有利于农产品生产过程的环境保护、品质提升、规模增加、安全保证及技术积累，这最终将促进农产品品质和贸易规模的提升[88]。凌艳平等(2017)运用面板数据模型，实证分析了微观层面标准对企业出口规模的影响，研究结果表明，企业参与制定国家标准可以有效促进出口，并且制定与国际接轨的一致标准比制定国家特有标准更能促进出口[125]。唐锋等(2018)利用 Heckman 样本选择模型分析了中国农食产品标准的贸易效应，认为发展中国家执行国际标准可以提高本国产品的质量和安全，有利于该国产品打开或扩大国际市场，进而促进出口贸易规模的扩大[126]。

第三节　技术标准贸易效应的实证研究

21 世纪以来，随着经济全球化趋势的愈演愈烈，国家间的贸易总量越来越大、贸易频率越来越高，而国际标准作为国际贸易的媒介其重要性越来越受到各国政府的重视。2005 年世界贸易年度报告将"探讨贸易、标准与 WTO 之间的关系"作为其焦点问题，在此背景下，学术界在原有的标准竞争与标准贸易效应理论研究的基础上，开始对标准与贸易展开了系列的实证研究，从而进一步地促进了技术标准经济学研究的不断深入。本书依据实证研究的数据来源分别从发达国家、发展中国家及中国来对相关文献进行系统地梳理。

一、以发达国家为样本的实证研究

一些学者以发达国家为实证对象，认为技术标准的贸易效应主要是正面的。Gasiorek et al.(1992)通过运用可计算一般均衡模型(CGE，computable general equilibrium)研究欧盟范围内的技术标准对贸易的影响，认为技术标准提升了产品的信息透明度，降低了交易成本，有利于扩大对外贸易[127]。Harrison et al.(1996)建立了垄断竞争条件下的CGE模型，从需求的角度分析欧盟内部对标准进行协调的作用发现，技术标准使得欧盟各国生产者的成本下降了2.5%，贸易效应增加对欧盟各国GDP的平均贡献约为0.5%；他们还发现由于标准的协调增加了欧盟各国产品之间的替代性，从而使得欧盟各国都能从标准竞争中获得好处[128]。Swann et al.(1996)对英国1985—1991年的净进口、出口和进口分别进行回归分析，探讨了英国和德国的自愿性国家标准、两国间不同的标准以及国际标准的国际贸易效应。结果发现：一是英国的标准(BSI标准)对其出口和进口都有积极的促进作用，但对出口的促进作用大于对进口的促进作用；另外他们还发现英国标准的净贸易效应有利于其贸易平衡，检验表明，在研究的83个产业部门中，标准每增加10个将会平均促进该部门贸易平衡大约1%。二是国家标准对贸易的正效应要大于国际标准。三是如果允许产品零部件更大程度的相互兼容，国际标准将有利于产业内贸易的发展[129]。Moenius(1999)率先将引力模型运用与标准贸易效应的实证研究，其研究表明双边共享标准对贸易量有显著的正效应，这类标准每增长1%可以使双边贸易量增加0.32%[130]。Blind(2001)以德国、澳大利亚和瑞士的双边贸易数据实证检验了技术标准的国际贸易效应，结果发现技术标准对双边国际贸易存在正向的促进作用[131]。Blind(2001)在Swann et al.(1996)的基础上以德国为对象进行了进一步研究，研究表明技术标准对德国出口具有促进作用，但德国出口的主要贡献要素是技术创新，而标准的促进作用虽然显著但影响系数较小[131]。宋明顺等(2012)运用发达国家电信标准的案例分析了标准及标准联盟对国际贸易的促进作用[32]。陶爱萍等(2013)认为技术标准贸易效应的产生理论机制包括技术标准的非价格竞争效应、非关税壁垒效应及经济一体化效应三个方面。他们基于美、日、英、德、法等12个国家的数据构建了国别面板数据模型，研究发现技术标准和进出口之间的关系总体上呈现出倒U形的特征[132]。梅琳等(2015)认为私营标准已经成为非政府组织参与市场治理"另类经济"模式。他们对公平贸易标签组织(FLO)主导制定的私营标准进行了案例分析，研究发现，私营标准正在逐渐成为影响市场品位、构造市场结构、维护贸易正义的重要力量[133]。

然而，另一些学者则认为技术标准的贸易效应主要是负面的。Fischer & Serra(2000)则认为技术标准可能会限制出口企业在进口国的市场准入，形成技术性贸易壁垒[98]。美国国际贸易委员会(1998)通过对美国、欧盟、亚洲及拉美众多企业的调查发现，在IT产业中技术标准起到了非常重要的贸易壁垒作用。Calvin&Krissoff(1998)以日本对美国的苹果进口为案例，运用“价格楔”方法研究了SPS标准的贸易效应。研究认为1994年至1997年SPS标准的关税等值平均为27.2个百分点，其对美国苹果生产者的贸易损失21亿美元[134]。Otsuki et al.(2001)对欧盟行业标准的计量回归研究表明，技术标准对欧盟农产品的进出口均存在比较严重的负向影响[135]。Thornsbury(1998)以美国为样本，检验了SPS(实施动植物卫生检疫措施的协议)标准对美国出口的贸易效应，研究结果显示，平均每项SPS标准对美国的农业与食品出口减少0.17亿美元，总计达44.247 3亿美元[136]。Otsuki & Wilson(2001)研究了农药残留限量标准对美国农产品进口的影响，其研究表明：美国的杀虫剂残留限量标准的强度每增加10%，则香蕉的进口量将直接减少14.8%；四环素限量标准的强度每提高10%，则牛肉的进口量将直接减少6.2%[85]。魏圣香(2016)通过案例分析认为，发达国家率先对生质燃料建立可持续标准存在违背WTO有关相同产品和贸易歧视的规定，是新贸易保护主义的体现[109]。

二、以发展中国家为样本的实证研究

在以发展中国家为样本的实证研究中，大部分学者认为技术标准贸易效应为负面的。Gandal & Shy(2001)对拉美地区市场研究发现，实施了国际标准的墨西哥、委内瑞拉等国家的企业，由于企业研发能力跟不上，导致了其整体经营成本增加，进而使得其产品的出口竞争力呈现不断下降的趋势[137]。Gary et al.(2002)以中美洲发展中国家为对象进行了研究，他们认为对国际标准的遵循虽然提高了这些国家的经济效率，但是从贸易的角度上来看，国际标准对他们而言更多的是一个歧视性的贸易壁垒[138]。Maskus et al.(2005)以16个发展中国家产业层面的数据为样本，对进口国家要求技术标准认证对发展中国家企业所产生的遵循成本进行了计量实证分析，研究发现由于需要额外的劳动力和资本，进口国的技术标准增加了出口国产品的短期成本，增加1%的投资以满足进口国家的标准遵循成本，将导致产品的短期成本增加0.06%至0.13%，因此，他们认为进口国的技术标准对于发展中国家构成了非关税壁垒[139]。Chen et al.(2006)把技术标准看作是技术指标和制度安排的复合体，以17个发展中国家的619个企业的数据为样本，实证检验了进口国的技术标准对企业出口业绩、出口倾向及市场细分的影响，研究发现进口国技术标准所规定的冗长检测过程将严重影响出口国的出口倾向，其对出口额的减少最高可达到9%。而且，进口国的标准差异将导致出口国企业的规模不经济以及影响企业是否进入出口市场的决策[140]。

虽然大部分文献认为技术标准对发展中国家的贸易效应为负，但也有部分文献支持其效应为正。Jaffee & Henson(2004)研究了国际食品安全标准对发展中国家高附加值农产品出口的影响。研究认为虽然从短期来看，国际食品安全标准会对发展中国家的农产品出口产生贸易壁垒效应；但是长期来看，则有利于发展中国家提升其食品安全的管理能力，是增强其高附加值农产品出口竞争能力的基础[86]。田东文等(2007)通过黄曲霉素含量标准对农产品贸易流量的实证研究认为，食品安全标准对发展中国家贸易的影响更为复杂，但总体而言可能促进其供应链的发展[87]。

三、以中国为样本的实证研究

在以我国为样本的实证研究中，一部分学者认为技术标准的贸易效应为负。李春田(2014)认为，技术标准是国际贸易链条中必不可少的重要环节，是国际贸易游戏规则的重要组成部分，也是发达国家实施技术性贸易壁垒的重要工具[141]。段琼等(2002)以我国12个工业部门的时间序列数据对国内环境标准与国际贸易的关系进行了实证研究，研究认为无论是污染密集产业还是清洁产业，我国的环境标准对我国的国际贸易竞争力都不存在负面效应[142]。徐松(2004)以美国、日本等发达国家通过对我国实施内外有别的“双重技术标准”的案例，揭示了技术标准对国际贸易负面影响[143]。董银果(2011)认为SPS标准是中国加入WTO后农产品国际贸易所面临的主要障碍，他们在引力模型的基础上计量回归了SPS标准对中国水产品的出口贸易效应。研究表明国外孔雀石绿最大残留限量标准每严格1ppb，中国鳗鱼出口贸易额就减少8.8%[144]。董银果(2014)运用引力模型实证研究了发达国家SPS标准与中国SPS标准间的差距对中国茶叶的出口贸易效应。研究结果显示：发达国家与中国间的茶叶中氰戊菊酯最大残留限量水平的差异每增大1ppm，中国茶叶出口贸易量将减少4.3%，发达国家与中国间的茶叶农药残留控制标准数量的差距每增加1个单位，中国茶叶出口贸易量将减少0.6%[145]。王耀中等(2008)以中国对美、日、德三国1995—2005年蜂蜜出口的面板数据实证检验了国内外标准差距对我国农产品的出口贸易效应。研究结果显示：我国相对于美、日、德较低的食品安全标准对我国蜂蜜出口产生了负的贸易效应，我国无公害农产品标准的贸易促进作用不显著[146]。鲍晓华(2011)在重力模型的基础上采用Tobit估计处理双边贸易零值，就食品安全标准对我国粮食出口贸易的影响进行了实证分析。研究结果显示：无论是进口国的食品安全标准还是我国的食品安全标准对我国粮食出口量都具有显著的抑制效应[10]。

但是，也有很大一部分学者认为技术标准的贸易效应为正。李怀林(2005)通过我国多个行业的案例分析认为，我国当前的技术标准与国际标准存在较大差距，而先进的技术标准有利于提高产品质量和管理水平，进而促进国际贸易的繁荣[147]。耿建新等(2006)对我国 ISO 14000 标准认证的出口贸易效应进行了实证研究，研究认为企业通过 ISO 14000 标准认证后，其产品出口收入的增长率高于同行未进行 ISO 14000 标准认证的企业[148]。田东文等(2007)认为国际食品安全标准的大量存在表明了市场自身力量不足以纠正失灵。他们实证检验了进口国黄曲霉素最低限量标准对我国坚果类产品的出口贸易效应，研究发现进口国黄曲霉素 B1 最低限量每严格 10％则会导致我国坚果类产品出口量减少 1.05％。他们进而以国际协调标准对贸易伙伴国进行了政策模拟，结果显示相对宽松的国际协调标准对贸易伙伴间国际贸易流量具有显著的促进作用[87]。赵志强等(2009)对技术标准战略和技术贸易壁垒进行了量化，构建了面板数据模型实证检验了我国浙江技术标准战略以及欧美日技术贸易壁垒的实施对浙江的出口贸易效应。研究发现浙江的技术标准战略有利于其产品国际竞争力的提升，促进了其产品向欧美日的出口[149]。王耀中等(2009)运用协整方法和误差修正模型实证研究了我国 1985 年至 2005 年机械行业标准的国际贸易效应。研究认为我国机械行业的标准增量是其进出口贸易增额的格兰杰原因[150]。侯俊军等(2009)以中日 35 个产业标准存量和双边贸易数据为基础对标准的贸易效应进行实证分析。研究认为从长期来看中日标准存量的增加会促进双边贸易的发展，且中日双方各自标准存量的增加都具有显著正向的出口贸易效应[151]。杨丽娟(2012,2015)构建误差修正模型实证检验了国家和国际标准对我国的国际贸易效应。研究认为无论是国家标准的实施还是国际标准的采用，其对我国进出口贸易效应都具有显著的正向影响，且采用国际标准的效应要大于国家标准[152-153]。宋海英(2013)运用重力模型实证分析了食品质量安全标准对我国浙江食品出口日本的贸易效应，研究结果显示质量安全标准的即期贸易效应为负、远期贸易效应为正，总效应是促进作用大于抑制作用[154]。杨丽娟(2013)运用我国 30 余个 ICS 标准分类组的面板数据，将标准分为强制性标准和自愿性标准，实证检验了技术标准对我国对外贸易的作用。研究结果显示，标准对贸易的效应与标准的性质密切相关，自愿性的国际标准和强制性的国家标准对中国向美国的出口贸易效应均为正，但后者的边际促进效应大于前者；技术标准与国际接轨有利于中国进出口贸易的发展，标准量的平稳增长和标准体系的完善能够繁荣贸易[155]。凌艳平等(2017)以我国 1 796 家制造业上市公司为样本数据，采用面板计量模型从微观层面实证检验了技术标准对企业的出口贸易效应。研究结果显示，企业参与国家标准的制定有利于其出口量的增加，若参与制定的国家标准与相关的国际标准一致性越强，则参与企业的出口贸易效应越大[125]。

第四节　基于贸易视角的标准化政策研究

技术标准不但在现代产业竞争中占据着重要战略地位，而且还对国际贸易产生巨大影响，因此，其已成为各国政府在制定国际贸易政策时关注的重点。国外学术界基于贸易视角的标准化政策研究主要探讨了政府对标准化活动进行政策干预的合理性，而国内学者主要是从贸易促进效应和贸易抑制效应两个角度来对标准化政策进行分析。

一、基于贸易视角的政府政策干预理论

在政府干预理论方面，学者们对于在企业的标准化过程中是否需要政府干预充满了争议。前面的分析我们可以看到，对于网络外部性问题，Liebowitz & Margolis(1995a)就通过系统的论证认为其被人为地夸大了。因此，他们认为网络外部性在现实中不会导致市场失灵现象，从而也就不需要政府对标准化过程进行干预[117]。一些学者认为即使存在网络外部性，也不能证明政府干预的合理性。Katz & Shapiro(1994)指出，和厂商相比，政府往往对技术标准化过程中的相关信息掌握的更少，因此，政府干预可能比市场选择的效率更低。另外，由于技术标准竞争中存在着巨大的经济利益，因此政府要么可能会被利益集团俘获，要么可能会直接进行权力寻租[156]。Farrell & Katz(2001)考察了网络外部性下市场标准竞争的掠夺性定价问题。他们构建了一个两期模型分析公共政策干预对均衡的影响。研究结果认为，掠夺性定价可能成为一种均衡策略，但政府对掠夺性定价进行干预既有可能提高消费者福利，也可能出现相反的结果，而两种不同结果产生的具体条件政府却难以识别[157]。Chiesa & Toletti(2003)从技术标准与技术进步的角度考察了标准竞争中的垄断问题，他认为在标准竞争中政府的规制政策既要考虑网络外部性的强度，也要考虑技术创新的强度，过于严格的规制政策可能会影响厂商技术创新的积极性，从而降低总体的社会福利水平[158]。

不过主流的技术标准经济学观点认为网络外部性普遍存在，直接网络外部性和间接网络外部性都会导致严重的市场失灵现象，而政府合理的干预政策有助于克服技术标准竞争中的市场失灵，实现社会福利的帕累托改进。具有网络外部性的市场，反垄断政策必须考虑垄断厂商利用技术标准制造进入壁垒的问题。这种进入壁垒主要表现为硬件厂商通过并购形成行业垄断，软件厂商通过标准集成和不兼容策略阻止竞争对手进入。Swann et al.(1996)认为，当国际标

准与厂商自己的标准不一致时，国内厂商有动机偏离国际标准，以此来调节产业内贸易[129]。Hudson & Jones(2003)认为技术标准可以缓解国际贸易中"柠檬市场"问题，他们进而指出，尽管 ISO 等国际标准不能彻底消除国际贸易中信息不对称问题，但其依然是发展中国家在参与国际贸易中值得考虑的重要政策[159]。Moenius(2004)认为一国特有的国际标准并不会必然成为贸易壁垒，因而他建议各个国家特别是欠发达国家应该对国际标准持开放性态度，并尽可能地参与到国际标准的制定中去[160]。Blind(2004)通过德国的实证研究认为，技术标准对国际贸易的影响是非常模糊和复杂的，因此，将国家标准转变为欧洲和国际标准这种特殊战略不是一种长久而可持续的成功之策[25]。

二、基于贸易促进效应的标准化政策研究

为了利用技术标准进一步增强我国产品的国际竞争力，一些学者从技术标准对国际贸易促进作用的角度提出了相关政策建议。齐欣等(2005)构建了发达国家与发展中国家标准互认博弈模型，认为发展中国家要有效地突破以技术标准为主要形式的非关税贸易壁垒，就应该从自身的经济技术水平出发，利用产业政策与贸易政策努力与发达国家建立标准制度互认机制[161]。陈爱蓓(2009)认为，我国由于尚处于工业发展的初级阶段，产品的标准化水平还比较低，但是国际标准认证是当前国际贸易的通行证。因此，我国应积极争取通过更多的国际标准认证为我国出口企业提供必要的入场券[162]。吴宏等(2008)指出，大型零售商针对农产品制定高于公共标准的私人标准是消费者对食品质量和安全日益关注的集中反映，这给发展中国家带来了严重的挑战。他们认为我国企业应从产品质量提升、基础实施完善、企业联盟强化三个方面加强应对[163]。陶忠元(2010)指出在产品内分工不断细化的基础上，技术标准的纽带作用日渐加强。技术标准的约束在国际贸易领域中呈现出范围扩展、升级加快、刚性加强以及产业分布不均衡等趋势。发达国家凭借技术先发优势主导了国际标准竞争格局，而发展中国家则成为了国际标准的追随者。他认为我国当前缓解对外贸易发展标准制约的短期应对策略是增强标准意识、重视标准引进与研究、促进标准合作与交流、推进标准认证管理；而转变标准竞争被动局面的长期根本战略是提高标准磋商能力、加强标准自主设计与推广[164]。张华等(2015)认为农产品国际贸易是开放经济环境下发展农业经济的重要手段。他们对标准元素对于农产品国际贸易的特殊性进行了论证，并认为从短期来讲要充分利用国际标准组织的相关规则为我国农产品国际贸易争取更大的缓冲空间；从长期来看我国要把农业科学技术和农业生产结合起来，抢占农业技术标准的制高点，改变我国在世界农业领域的标准跟随和被动的低位[88]。

三、基于贸易抑制效应的标准化政策研究

技术标准已在一定程度上成为某些国家保护民族产业及提升国家经济竞争力的重要战略，鉴于此，一些国内学者认为我国在制定国际贸易政策时应该充分认识到技术标准对国际贸易的抑制效应。苏世芬（2005）认为，国际环境标准对我国农产品出口贸易的负面效应已凸显，我国一方面应采取相应的技术性贸易保护措施来维护农产品对外贸易利益；另一方面也应该大力发展生态农业，通过食品安全标准形成农产品质量水平提高的倒逼机制[165]。毕春丽等（2006）认为，随着经济全球化的不断延伸，以技术标准为主要内容的技术性贸易壁垒成为了各国维护本国贸易利益的杀手锏。信息产业作为高科技产业的代表对一国的经济发展具有基础性作用，而技术标准正在成为制约我国信息产业发展的关键因素。因此，我国需要从技术创新、政策优惠、人才培养等多个方面来提升信息产业在国际标准制定中的话语权[166]。喻萌等（2006）认为以技术标准为主的技术性贸易壁垒已经严重削弱了我国产品的出口竞争力，制约了我国企业出口贸易的发展。我国应从政府、企业两个层面来制定相关的科技兴贸、增强企业核心竞争力的技术标准战略，以增强我国产品的国际竞争力[167]。程恩富等（2007）、曹艳梅等（2008）从技术性贸易壁垒日益严峻的背景出发，分析了技术标准与知识产权保护的相互关系，他们认为我国需要通过知识产权来对技术标准进行建立、维护和实施，要结合我国的具体国情并参考发达国家的通常做法，通过技术标准战略来建立我国合理的技术性贸易壁垒体系[168-169]。杨一平（2009）指出在国际贸易领域，技术标准作为新兴的非关税壁垒正在成为各国保护本国软件产业的重要政策工具，我国的软件产业需要从加强技术创新、参与国际标准认证、建立标准壁垒预警机制等几个方面进行应对[170]。

第五节 对国内外研究现状的整体评价

本章我们对粮食安全、粮食进口、技术标准及贸易等相关问题进行了系统的文献梳理。从贸易与粮食安全的关系来看，随着乌拉圭回合国际谈判的开展，贸易条件的变化对农产品及全球粮食安全的影响已受到学者们的关注。中国作为一个粮食消费大国，其粮食安全问题的解决越来越离不开国际市场，粮食进口除了受到收入、价格、产量及政策等因素影响外，食品安全标准也成为了粮食进口的重要影响因素。

从技术标准国际贸易效应的理论研究来看，早期的技术标准国际贸易效应研究是以技术标准对国际贸易的抑制作用为主流观点。随着全球一体化的加强以及研究的不断深入，人们开始逐步认识到了技术标准对国际贸易的促进作用。

就目前的研究态势而言，理论界也还不能对技术标准会因提高生产者的遵循成本而抑制贸易还是会因提高交易效率而促进贸易作出简单的判定，可以预见这种理论的分歧可能还将长期存在。我们认为导致技术标准国际贸易效应研究理论分歧的原因主要是由于技术标准这一概念的内涵和外延具有高度的开放性，其本身是一个纷繁复杂的技术与制度体系，各类技术标准在功能上既有共性又存在着较大的差别，学者们的研究往往只关注到了各类技术标准的共性或部分特征。

从技术标准国际贸易效应实证研究的方法来看，学者们所采用的研究方法主要包括调查研究、案例研究、计量研究、CGE模拟四种主要研究方法，调查研究和案例研究主要应用于企业角度的微观分析，而计量研究和CGE模拟则主要应用与宏观层面的研究。在前期的实证研究中，由于数据的缺乏主要以调查研究和案例研究为主，当前由于数据的积累和计量经济学的兴起，计量研究已经成为技术标准国际贸易效应实证研究的最主要研究方法。从技术标准国际贸易效应实证研究的结论来看，学者们几乎一致地得到技术标准与国际贸易存在正向的或负向的线性关系。也就是说他们要么认为技术标准的国际贸易效应是正的(技术标准促进国际贸易)，要么认为技术标准的国际贸易效应是负的(技术标准抑制国际贸易)。造成这一结果的原因可能主要有两个：一是数据样本的时间太短，这就使得许多研究只捕捉到了标准对贸易作用规律中的一个片段；二是变量选择不具备一致性，在实证研究中，学者们如果把技术标准分为本国标准、外国标准及国际标准，把国际贸易分为本国进口贸易、本国出口贸易、本国净贸易流量、外国进口贸易、外国出口贸易、外国净贸易流量，这样以一元计量回归为例，在数学上就存在18个检验方程，这就造成了研究结论的差异和可比性下降。三是对核心解释变量技术标准的量化处理存在差异，其中主要的量化处理方法包括虚拟变量法、标准存量项数法、标准水平法，这三种量化方法由于存在内在的不一致性可能导致出现完全相反的研究结论。

从优化技术标准国际贸易效应的政策研究来看，在理论上主流的观点认为企业间技术标准的竞争及各国政府对技术标准的策略性运用可能会导致市场失灵，各国政府应加强对技术标准的政策干预来促进标准的贸易及福利效应优化。在政策实践中，发达国家更强调标准对国际贸易的促进效应，其政策实践主要围绕国际标准话语权的争夺及本国标准国际化而设计；发展中国家则更强调标准对国际贸易的抑制效应，其政策设计主要围绕与国际接轨的国内标准体系建设而展开。然而，由于技术标准所涉的种类繁多，对这类标准所适应的政策不一定适应于另一类标准。

第六节　本章小结

本章我们对本书研究所涉及的相关文献进行了系统的梳理。通过研究，我们认为未来技术标准国际贸易效应的一个可行的研究路径为：首先是对研究对象做进一步的细分，使之具体化，以便将此领域的研究进一步推向深入；其次是建立专门的技术标准国际贸易效应数理模型，直接探讨贸易效应产生的机理；其三是在实证研究上根据标准的特点进行量化测算，并尽可能拓展样本的时间区间；最后是根据标准所对应的具体产品类型提出有针对性的对策建议。鉴于此，本书选择我国食品安全标准对粮食的进口贸易效应为研究对象，试图构建食品安全标准进口贸易效应理论模型，根据我国食品安全标准历史演化及文本特点来对其进行量化处理，尽可能地拓展样本数据空间，以期能发现我国食品安全标准的粮食进口贸易效应演变规律，提出有针对性的政策建议。可见，从学术研究的基本逻辑和发展动态来看，本研究属于该领域的研究前沿范畴。

第三章 中国食品安全标准及粮食进口的基本现状

本章以我国食品安全标准及粮食进口为对象，探讨其基本现状。本章研究的基本思路为：首先，通过系统地梳理中华人民共和国成立以来我国食品安全标准的发展历程，划分其演变阶段并分析其特征，分析发达国家(地区)食品安全标准的运作经验，进而在此基础上分析我国食品安全标准存在的主要问题；然后，对我国粮食进口、粮食生产、粮食消费的历史数据进行统计分析，在此基础上探讨我国粮食进口的基本现状及其对粮食安全的影响。

第一节 中国食品安全标准的基本现状

一、中国食品安全标准的演变

2009 年，我国颁布实施的《食品安全法》规定食品安全标准是食品领域唯一强制执行的标准。《食品安全法》还提出对现行的食用农产品质量安全标准、食品卫生标准、食品质量标准和有关食品的行业标准中强制执行的标准予以整合，统一公布为食品安全国家标准。从此，我国粮食安全标准步入了规范化阶段。纵观我国粮食安全标准的发展历史，大体上可以划分为三个特征比较明显的演变阶段。

(一) 起步阶段

我国食品安全国家标准虽然很早就存在，但是由于食品安全标准总是和一定的政治形态相关联，因此，本书对我国食品安全标准的历史追溯到 20 世纪 50 年代新中国成立初期。此时我国食品工业在经过社会主义改造后，刚刚起步，主要包括碾米、面粉、制糖、制茶、榨油、酿酒、调味品、肉禽制品等门类，涉及的相关加工制造企业近 2 000 家，且这些企业大部分都是手工小作坊的生产方式，具有一定规模的只有几百家。这一时期我国标准化工作的主要特点是针对上述食品行业发展的需要而制定相应的产品标准。20 世纪 50 年代到 60 年代，我国进入了经济的恢复和建设时期，依据国务院制定的《1963—

1972年标准化发展规划》，食品标准化工作的重点是制定产品标准及其检验方法、操作规范、质量管理规定和卫生管理规定。这一时期的食品安全标准主要体现在各种单项标准或规定中。“文化大革命”前半阶段，社会经济发展受到了严重的冲击，食品标准化工作也处于停滞不前的状态。1974年中国医学科学院卫生研究所负责并组织全国卫生系统制定出了14类54个食品卫生标准和12项卫生管理办法，并于1978年5月开始在全国试行，其中标准数量及其检测指标还比较少。

1982年11月《中华人民共和国食品卫生法（试行）》（以下简称《食品卫生法（试行）》）得以颁布，并于1983年7月执行，国家卫生计生委成立了包括食品卫生标准技术分委会在内的全国卫生标准技术委员会，并开始研究制定包括污染物标准、生物霉素限量标准、食品添加剂使用卫生标准、营养强化剂使用卫生标准、食品容器及包装材料卫生标准、辐照食品卫生标准、食物中毒诊断标准以及理化和微生物检验方法等在内的食品卫生标准（韩俊等，2005）[171]。1984年，我国作为成员国正式加入国际食品法典委员会（CAC），并同时由国务院批准成立了食品法典协调小组以及CAC专家组。这些专家出席各类CAC会议近百人次，在一些有关食品安全问题上积极发表意见，为我国在国际食品法典事务中发挥作用作出了努力和贡献，受CAC委托，我国2002年首次主导起草了黄曲霉素污染技术规范，该技术规范于2003年被CAC会议采纳。我国食品安全标准的国际化工作取得明显的进展。

1985年我国颁布了食品检验方法标准，1987年颁布了相关产品标准。1988年12月《中华人民共和国标准化法》（以下简称《标准化法》）颁布实施，明确了技术标准的法律地位，并先后颁布了计量、产品质监等一系列相关法律、法规，更进一步确立了技术标准的严肃性和权威性。食品安全标准中的卫生指标就属于该类强制性标准。《标准化法》《食品卫生法（试行）》及其配套的一系列相关法律法规的发布和实施将我国食品标准化工作纳入法制化轨道，有力地促进了我国食品标准化工作的发展。但是，《食品卫生法（试行）》确立的是一个双标准体系：卫生部门负责研究制定各种主要的食品卫生标准，而食品生产、经营主管部门负责制定食品产品（质量）标准（赵鹏，2012）[172]。这一双标准体系此后被各个阶段的食品卫生立法继承，并日渐成熟。其中，食品卫生标准由卫生部门制定而质量标准分由两个部门制定：农业部门负责制定供食用的初级农产品的质量标准，质量监督部门则负责制定经加工、制作用于销售的产品质量标准。在此阶段我国食品安全标准形成了初步的标准体系。

（二）调整阶段

2001年12月，中国成功加入WTO成为举世瞩目的历史性事件。技术标准作为国际贸易的“共同语言”在2001年前后受此事件影响发生了较大的调整变化。1994年《食品安全性毒理学评价程序》正式作为国家标准被颁布(GB 15193.1—1994),结束了我国食品安全评价工作长久以来没有标准的局面,使我国的食品安全管理工作向前迈进了一大步。在同一年内国家还颁布了179个相关的国家卫生标准(钱和等,2016)[35]。1994年和1996年国家对食品安全标准进行了两次大范围的修订和增补,颁布实施了《食品中甲拌磷、杀螟硫磷、倍硫磷最大残留限量》(GB 4788—1994)等26项农药最大残留限量国家标准、《面制食品中铝限量》(GB 15202—1994)等8项污染物限量国家标准及《小麦、面粉、玉米及玉米粉中脱氧雪腐镰刀菌烯醇限量》(GB 16329—1996)1项真菌霉素限量国家标准。这些标准的颁布实施使得标准要求的限制指标大大增加,有害物质限量也逐渐降低。

2001年和2004年,为了适应加入WTO的需要,在国家卫生计生委的领导下,全国食品卫生标准委员会将我国的食品卫生标准与国际食品法典委员会标准进行了详细的比较分析,对与国际标准不一致的内容进行了重新评估,比较系统地对我国的食品卫生标准进行了两次全面的清理整顿,删除了无卫生学意义的指标和规定,提高了标准的覆盖率,增强了食品卫生标准与产品质量标准的对应性,提高了与CAC标准的协调一致性。其中最为显著的成果就是颁布实施了三个具有整合功能的食品安全标准,它们分别是食品安全国家标准《食品中真菌霉素限量》(GB 2761—2005)、《食品中污染物限量》(GB 2762—2005)及《食品中农药最大残留限量》(GB 2763—2005)。全国人大常委会副委员长蒋正华(2006)在总结我国标准化工作时指出,技术标准对贸易的影响表现最为突出的是在农业方面,我国在加入WTO的几个回合谈判中,其中肯尼迪回合、东京回合中农业问题就一直都没有达成协议,这主要与我国与世界其他国家特别是发达国家的农产品技术标准存在较大差距有关。而最后一轮乌拉圭回合谈判一共谈了八年,才最后达成一项涵盖诸多与农业技术标准相关的“农产品贸易协议”。他进而认为,在全球贸易不断开放的背景下,技术标准是影响国家经济安全的一个重要因素,必须引起政府的高度重视[173]。

在《食品卫生法》体系下,食品卫生标准与食品质量标准看似各司其职,在实践中却逐渐暴露出相应的问题:一方面,两项标准的部分指标存在重合且有不少冲突,引发监管困境(王竹天等,2015)[174];另一方面,仅从卫生角度来确保食品安全被实践证明并不完整:食品卫生是指为确保食品安全性和适合性在食物链的所有阶段必须采取的一切条件和措施,这一概念侧重过程安全,但无法涵盖食品源头的农产品种植、养殖等环节,不如食品安全概念全面(赵鹏,2012)[172]。江虹(2016)认为,在此阶段我国颁布实施的食品安全标准数量较多,基本涵盖了食品相关领域，但是由于存在比较严重的多头管理问题，标准间的冲突矛盾、层级不清等问题还比较突出，这导致食品标准体系较混乱[34]。因此，2009 年《食品安全法》颁布实施，该法将食品卫生标准和食品质量标准整合为统一的食品安全标准，结束了《食品卫生法》时代的卫生、质量双标准体系，为统一的食品安全标准体系的构建做好了法律上的准备。

（三）规范阶段

2009 年实施的《食品安全法》规定，除食品安全标准外，不得制定其他的食品强制性标准。这一规定赋予食品安全标准为食品领域唯一强制性标准的地位，为统一的食品安全标准体系的构建做好了法律上的准备。2012 年，我国有针对性地开展了农药残留检测工作。根据农药登记和使用情况、主要食用农产品消费情况和农药残留监测结果，整合修订了相关标准，颁布实施了食品安全国家标准《食品中农药最大残留限量》(GB 2763—2012)，此标准规定其他国家标准中涉及本标准中的指标以本标准为准，并替代了 GB 2763—2005、GB 25193—2010、GB 26130—2010、GB 28260—2011 等标准。GB 2763—2012 标准对 GB 2763—2005 标准中农药名称、残留物、每日允许摄入量和食品名称等信息进行了核实修订；对以前标准中交叉、重复、过时和不协调问题，依据膳食暴露风险评估结果、参考农药登记情况，对部分限量做了相应修改；增加了部分食品中农药最大残留限量标准并细化了食品种类和类别。2014 年，GB 2763—2012 标准又被 GB 2763—2014 替代。与 GB 2763—2012 相比，GB 2763—2014 增加了胺鲜酯等 65 种农药名称；增加了 1 357 项农药最大残留限量标准；增加了 15 项检测方法标准，删除了 1 项检测方法标准；对苯菌灵等 3 种农药残留物及 9 种农药每日允许摄入量信息进行了核实修订；进一步细化了食品类别及测定部位，并增加了小黑麦等 66 种食品名称。

随着食品生产的工业化和新技术的使用及对食品中有害因素的新认识，使食品出现了新的污染物及新的控制要求。新的食品安全国家标准《食品中污染物限量》(GB 2762—2012)于 2012 年 11 月颁布实施，该标准规定了食品中铅、镉、汞、砷、锡、镍、铬、亚硝酸盐、硝酸盐、苯并[a]芘、N-二甲基亚硝胺、多氯联苯、3-氯-1,2-丙二醇的限量指标。GB 2762—2012 充分理顺并分析了我国现行有效的食用农产品质量安全标准、食品卫生标准、食品质量标准以及有关食品行业标准中强制执行的标准中污染物的限量指标；找出了标准中交叉、重复、矛盾及缺失等问题，提出了详细的比较结果；同时分析参考 CAC、欧盟、日本、美国、中国香港、中国台湾等食品中的污染物限量标准，是对 2005 年发布的《食品中污染物限量》(GB 2762—2005)的修订和替代。GB 2762—2012 逐项清理了以往食品标准中的所有污染物限量规定，整合修订为铅、镉、汞、砷、锡、镍、铬、亚硝酸盐、硝酸盐、苯并[a]芘等13种污染物在谷物、蔬菜、水果、肉类、水产品、调味品、饮料、酒类等20余大类食品中的限量规定，删除了硒、铝、氟3项指标，共设定160余项限量指标，基本满足了我国食品污染物控制需求，适应了我国食品安全监管的需要。

2011年我国又颁布实施了食品安全国家标准《食品中真菌毒素限量》(GB 2761—2011)，该标准替代了《食品中真菌毒素限量》(GB 2761—2005)以及《粮食卫生标准》(GB 2715—2005)中的真菌毒素限量指标，从而彻底结束了我国食品安全标准领域中的双标准时代。该标准与GB 2761—2005相比，增加了可食用部分的定义；增加了应用原则；增加了赭曲霉毒素A、玉米赤霉烯酮指标；修改了黄曲霉毒素B1、黄曲霉毒素M1、脱氧雪腐镰刀菌烯醇及展青霉素限量指标；修改了黄曲霉毒素B1、黄曲霉毒素M1及脱氧雪腐镰刀菌烯醇的检测方法。

GB 2761—2011、GB 2762—2012、GB 2763—2012等标准的颁布实施，结束了我国食品安全国家标准的双标准时代，使我国食品安全国家标准进入了标准文件简单明确、标准指标体系完善清晰、检测对象细化具体、检测方法科学先进的规范化时代。

二、发达国家(地区)食品安全标准运作经验分析

相对于发展中国家而言，发达国家(地区)对食品安全标准要求更高，其制定的食品安全标准通常代表了世界先进水平。因此，通过对它们国家食品安全标准的运作情况进行分析，可以更好地发现我国食品安全标准的不足。

(一)美国的食品安全标准

在美国，食品安全是一项重大的民生工程，2009年美国总统奥巴马刚上台就专门成立了总统食品安全工作小组。同时，美国是全球最大的农产品进出口国，其食品安全标准对农产品国际贸易起到了基础性的作用。在英国经济学人智库发布的《2015年全球食品安全指数报告》中，美国以89分居全球第一①。目前，美国的食品安全标准已经形成了比较完善的体系。

1. 美国食品安全标准的制定与修订

在美国至少有30部法律涉及食品安全管理，其最重要的两部法律是《联邦食品药品和化妆品法》与《食品安全现代化法》。依据这些法律法规，美国国家标准学会(ANSI)通过授权与食品安全有关的行业协会、标准化技术委员会及相关政府部门来专门制定与修订具体的食品安全标准。美国食品安全标准的制定与修订以科学为依据，以风险分析为基础，贯彻以预防为主的基本原则，对“从农田

① 资料来源：http://finance.sina.com.cn/roll/20150717/132522716643.shtml

到餐桌"全过程的食品安全进行监控和管理。美国的食品安全标准主要涉及微生物限量、农药残留限量、污染物限量及食品添加剂使用等与人体健康密切相关的技术指标，其内容非常详细，几乎涵盖了食品产业链所有环节可能产生的危险因素。除了国家层面的食品安全标准外，美国每个州都根据实际情况制定了相应的食品安全标准，承担着互为补充、内部独立的食品安全监管职责。

2. 美国现行的食品安全标准体系

美国的标准化发展较早，在19世纪早期，就形成了一些在世界上比较有影响力的标准化机构和团体。在这些机构与团体的推动下，形成了一个比较分散的标准化体系。食品安全标准作为这一标准体系的重要组成部分，主要由技术法规和具体的标准构成。从内容上看，与食品安全有关的技术法规是要求强制遵守的、规定食品类产品的特性或者相关的加工和生产方法的文件。而具体的标准是为通用或反复使用的目的，由公认机构批准的、非强制性遵守的、规定食品类产品或者相关的食品加工和生产方法的规则、指南或者特征的文件。通常，政府相关机构在制定与食品安全相关的技术法规时引用已经制定的标准，作为对技术法规的具体规定，这些被参照的标准就被联邦政府、州或地方法律赋予强制执行的属性。同时，具体的安全标准是在技术法规框架要求的指导下制定的，故其必须符合相应的技术法规的规定和要求。

3. 美国食品安全标准的执行情况

在国家层面，美国严格按照食品安全标准体系的相关要求执行市场准入制度，政府监管的首要目标就是阻止潜在的不安全食品以及掺假食品进入消费领域。对于缺陷食品，美国食品安全检验局和食品药品管理局实施自愿性召回制度，其召回制度以健全和层级分明的技术法规规定了具体的管理机构、召回类型、召回程序，具有较强的权威性和约束力。一旦监管部门有证据证明某个食品不符合食品安全标准的要求，监管部门将与生产商密切配合把问题食品从流通环节召回。如果生产商拒绝召回，监管部门将先对问题食品进行扣留，然后再向法庭起诉该生产商要求强制执行召回。在企业层面，美国针对食品生产加工环节制定了以食品企业良好卫生规范和危害分析与关键控制点制度为主体的企业规范，使企业具有充分可靠的食品安全保障体系，保障食品消费者的使用安全和身体健康。在具体的产品层面，美国通过食品符合性标准的要求来衡量食品的质量，只有达到食品符合性标准要求的食品才允许上市。

4. 美国食品安全标准体系的贸易壁垒效应

美国是食品进口大国，其国内的食品安全深受食品进口的影响，同时美国也是全球最发达的经济体和头号科技强国，其运用食品安全标准体系构筑贸易壁垒具有独特的优势。美国高举保障人类和动植物生命健康与安全的大旗，强制要求食品出口商制定形式严苛的营养标签，制造食品营养标签壁垒；通过执行高于实际安全要求的安全卫生限量指标值，制造食品残留物限量壁垒；依据食品危害分析与关键控制点制度对出口企业在硬件设施和管理体系方面提出了严格要求，制造管理体系壁垒；对食品出口企业在食品信息管理方面提出了强制性要求，制造食品注册通报壁垒。这些贸易壁垒对美国农业及食品产业产生了较强的保护作用。

（二）欧盟的食品安全标准

欧盟是根据《马斯特里赫特条约》而建立的一个庞大国际组织，其GDP根据国际货币基金组织的统计数据在2013年达17.37万亿美元，已超过美国的16.8万亿，成为了当时全球第一大经济体。卫生和安全食品的自由流通是稳定和促进欧盟内部市场的一项关键原则。据不完全统计，目前欧盟及其成员国已制定的食品安全标准已经超过10万个以上（钱和等，2016）[35]。

1. 欧盟食品安全标准的制定与修订

欧盟的食品安全标准制定与修订机构包括欧洲标准化委员会和欧盟各成员国国家标准制定机构两层体制。其中欧洲标准是欧盟各成员国统一执行的区域级标准，其制定机构为欧洲标准化委员会，到目前为止，欧洲标准化委员会已经发布了260多个欧洲食品安全标准。欧盟的食品安全标准多以指令的形式发布，内容包括产品包装和标识、生产加工工艺、安全质量指标等。欧盟成员国通常根据这些指令制定具体的实施细则。欧盟通过统一的或者适用于某成员国的合格评定程序确认相关食品是否可以进入欧盟市场。另外，欧盟中的每个成员国都有自己国家专门的标准制定与修订机构，比如德国的标准化协会、法国的标准化专署等，他们根据欧盟食品安全法规和标准要求，再结合本国实际情况制定自己的食品安全国家标准。欧盟食品安全标准在制定与修订程序上，首先由民众、企业或相关行业中介组织提出食品安全标准的要求；然后是欧洲标准化委员会在民众监督下对食品安全标准进行评估，并撰写建议草案和进行风险分析；接下来是由欧洲议会和欧盟理事会负责制定框架指令；最后在欧洲标准化委员会的参与下形成食品安全标准文本。

2. 欧盟现行的食品安全标准体系

欧盟的食品安全标准体系是由技术法规和相关的具体标准构成。欧盟的技术法规是强制遵守的，其主要内容包括：食品中有毒有害物质限量和卫生要求、检测分析方法、食品安全管理和控制、标签标示、食品接触包装材料卫生要求及特殊膳食要求等内容。欧盟的具体食品安全标准是非强制性的，其主要包括：术语标准、检测方法标准、产房及设备卫生要求等内容。欧盟通过技术法规和标准的相互配合，加快了食品安全技术法规的立法，并使食品安全技术法规的内容更为全面和具有可操作性，协调标准的内容也更为详细和具体。为确保食品安全，针对具体产品，欧盟实施的是认证认可标准管理制度。认证认可标准只限于产品不危及人类、动物和货品的安全方面的基本安全要求，而不是一般质量要求，是构成欧盟指令核心的主要要求。在欧盟认证认可标准是强制执行的，不论是欧盟成员国的产品，还是其他国家的产品，要想在欧盟市场上自由流通，就必须进行产品的认证认可，加贴"CE"标志。

3. 欧盟食品安全标准的执行情况

欧盟的食品安全标准体系得到了有效地执行，切实地保障了欧盟的食品安全。欧盟的食品安全标准能得以有效执行主要得益于两点。一是欧盟对食品安全的分层集中管理模式从体制机制上有效地保障了食品安全标准执行。在这一管理模式下，除了欧盟层面的监管机构外，各成员国都设有本国的食品安全监管机构，如英国的食品标准局、丹麦的食品和农业渔业部等。从监管职能来看，在这一管理模式下，食品安全的决策部门、管理部门及风险分析部门是相互独立的，这有利于增强标准执行的公正性。二是欧盟关于食品安全的一系列重要制度有效地保障了食品安全标准的执行。这些制度主要包括："农田到餐桌"全程监控制度、危害分析与关键控制点制度、食品与饲料快速预警系统、可追溯制度、食品或饲料从业者承担责任制度等。

4. 欧盟食品安全标准体系的贸易壁垒效应

欧盟作为发达国家的联盟，其强大的科技实力支撑了其较高水平的食品安全标准体系，欧盟及其成员国不断更新食品安全标准且日趋严格，给欧盟之外的企业准确掌握标准的技术要求造成了很大的困难，极大地提高了企业的出口交易成本。因此，这一标准体系使得欧盟具有世界上公认的最高食品安全保护水平，对于欧盟之外的许多国家而言，欧盟是食品市场贸易壁垒最高的国家之一。同时，在欧盟的食品安全标准体系中，既有具有法律强制力的欧盟指令，又有自愿遵循的各类具体标准。这对于欧盟之外的出口商而言，就必须同时达到两套标准的技术要求，而对于欧盟成员国企业而言，对于自愿遵循部分就有较大的灵活性。因此，欧盟食品安全标准的双层体系也在客观上对欧盟成员国企业产生了贸易保护作用。

（三）日本的食品安全标准

日本作为食品和农产品的进口大国，国内的食品与农产品市场需求的60%左右靠进口来提供。在经历了多次严重的食品安全事件及国际贸易争端之后，日本政府十分重视食品安全标准体系的建设，并试图从技术指标层面来保障食品供应链的安全。目前，日本的食品安全标准数量众多，分为国家标准、行业标准及企业标准三层，形成了比较完善的标准体系。

1. 日本食品安全标准的制定与修订

日本食品安全标准的制定与修订机构主要为厚生劳动省和农林水产省。厚生劳动省制定与修订的食品安全标准的内容包括食品安全标准的一般要求和农药最大残留、食品添加剂的使用等具体规格基准。农林水产省主要负责制定使用食品标签,包括饲料添加剂的指定及规格标准、农林规格标准、农林产品品质标识标准、农林牧水产品输出检验标准。为确保标准制定的科学性和严谨性,日本十分重视标准的制定程序管理。其制定程序主要包括以下六个基本步骤:第一,利益相关方向标准制定机构提出标准设立申请;第二,标准制定机构委托食品安全委员会进行安全性评价和风险评估;第三,标准制定机构根据评估结果制定标准草案,并指定对口咨询审议会对草案进行审议;第四,将审议通过的标准草案向 WTO 通报,并进行公众评议;第五,提交食品卫生审议会进行审议,经批准后形成正式的标准文件;第六,对省令、告示进行修改,对外正式公开发布标准文件。

2. 日本现行的食品安全标准体系

日本的食品安全标准体系从适应范围上来看,主要由成分规格标准、技术要求标准、标识标准及设施标准构成。成分规格标准规定了食品、食品添加剂、食品的器具和容器包装的纯度及成分必须符合食品安全公共卫生的最低限量要求。技术要求标准规定了食品加工制造、食品添加剂制造、食品器皿和容器包装的技术方法。标识标准规定了食品标识所必须具备的内容及具体的标识方式。设施标准规定了食品营业实施应该达到的最低卫生要求。这四大类标准从监管过程上来看,涉及了食品的生产、加工、销售、包装、运输等整个食品产业链环节;从监管内容上来看,涵盖了食品品质等级、食品添加剂和污染物、农兽药最大残留限量等主要领域。目前,日本食品安全标准的数量繁多、要求具体、可操作性强,已形成了比较完善的标准体系。如以日本著名的《食品中残留农药等的肯定列表制度》为例,其平均每种食品的农药残留限量指标就多达 200 项,有的甚至超过 400 项。

3. 日本食品安全标准的执行情况

日本自经历了森永奶粉砒霜中毒事件、米糠油事件等后,不断加大了食品安全标准的执行力度,成为了世界上食品安全监管最严格的国家之一。在市场准入方面,通过日本农林规格制度,日本形成了国内外统一的食品市场准入体系,这一制度对农林产品、畜产品、水产品及以其为原料的加工品加以认证,并以此作为市场准入的凭证。在企业规范方面,日本政府除了重点推行良好农业规范制度、危害分析和关键控制点制度来保障农产品的质量与安全外,还通过实施以强化食品行业企业间信息交流为特征的食品安全交流工程项目,将社会监督成本转移至食品行业内部，从而避免政府监管的不足。在食品安全危机应急方面，日本的食品安全委员会、厚生劳动省及农林水产省都专门制定了相应的应对措施，这些应急措施覆盖了食品安全危机发生的可能范围，可以将食品安全事件的危害降低到最小。

4. 日本食品安全标准体系的贸易壁垒效应

日本作为农产品进口大国，其食品安全标准对于贸易的壁垒效应也是十分明显的。以“肯定列表制度”为例，其制定的限量标准不仅多而且十分严格，该标准自2006年颁布实施后，与原来相比，每种食品涉及的检测指标大约增加了5倍。比如，茶叶的检测指标从原来的89项增加到276项，猪肉的检测指标从原来的25项陡升至428项，大米的检测指标从原来的129项增加至581项。日本的“肯定列表制度”对于国外出口商的影响是十分巨大的，其检测指标的暴增不仅直接增加了出口商的检测费用，同时也因延长了检测周期而使出口商面临更多的不确定。而且日本常常在同等国内外产品上采用双重标准，使进口产品丧失价格优势，甚至迫使一些出口商直接退出日本市场。一些研究认为，“肯定列表制度”反映出日本设置技术性贸易壁垒已从微观技术层面向宏观制度层面转变。

三、中国食品安全标准存在的问题

通过对我国食品安全标准演化历程的系统考察，以及对以美国、欧盟、日本为代表的发达国家(地区)的食品安全标准的分析，本书认为新中国成立后我国的食品安全标准的建设虽然取得了很大成绩，但也还存在以下五个方面的问题。

第一，食品安全标准体系有待进一步完善。在《食品安全法》颁布之后，我国的食品安全国家标准经过几次修订整合虽然实现了统一，但是对于食品安全地方标准、行业标准及企业标准而言，其标准内容还存在相互交叉重复、相互脱节、相互矛盾的情况。而且这些食品安全标准的制定主体相互协调程度还比较低，从而使得企业在生产中有选择地执行不同的标准。同时我国现行食品安全标准体系针对一些传统重点产品其技术检测指标已经相对完善，而对于一些非传统重点产品其检测指标数量与国际标准相比还存在明显不足，还不能很好地满足人们消费日益多样化的要求。

第二，食品安全标准制定的科学性有待提高。目前，我国一项食品安全标准制定要经过标准制定立项、标准文件起草、意见征集、标准审查、标准批准、标准颁布实施等几个阶段，一般历时长达32个月，这可能导致标准内容滞后于市场的发展。另一方面，相对发达国家而言，我国食品安全标准的标龄总体偏长，部分标准指标已不能和现阶段的技术发展水平相适应；同时由于缺乏食品安全的系统监测与评价背景资料，我国食品安全标准中部分检测指标的技术要求缺乏风险评估依据，影响了标准的科学性。

第三，食品安全标准总体数量不足，覆盖范围不广。以农药最大残留限量标准为例，在最新的GB 2763—2016标准中，我国已经针对2,4—滴等433种农药制定了4 140个限量指标，虽然已经超过了食品法典委员会(CAC)的395种农药，但与美国的489种农药及欧盟的1 176种农药相比还存在较大差距。从标准的覆盖面上来看，在中国进口的24种大宗蔬菜品种中，其中有较大一部分还缺乏标准，如牛蒡、紫苏叶等。

第四，食品安全标准的执行力度还有待加强。我国的食品安全国家标准是《食品安全法》规定必须强制执行的标准，然而，近年来，屡屡见诸报端的食品安全事件，暴露出的问题更多在于有标准不依，而非无标准可依。以粮食生产为例，由于我国小农生产的现状在短期难以改变，农民对于涉及指标多、技术性强的食品安全标准缺乏科学的认识，同时也无力加大投入来改善农业生产条件，这使得他们在粮食生产过程中无法真正地遵照食品安全标准的要求来进行生产。

第五，食品安全标准的贸易保护作用还有待强化。在关税壁垒日趋势衰的背景下，合理运用食品安全标准进行贸易保护，已成为发达国家的通行国际贸易策略。从我国食品安全标准的演变过程来看，在《食品安全法》颁布实施之前的起步阶段和调整阶段，由于实行的是双标准体系，标准体系相对混乱，在客观上起到一定的贸易壁垒作用。随着我国食品安全标准规范化进程的加快，目前，由于上述四个不足的存在，其贸易保护作用还未得到有效地发挥。

第二节　中国粮食进口的现状及其对粮食安全的影响

一、中国粮食进口的基本现状

改革开放以来，我国粮食进口经历了先增长、后下降、再增长的阶段，大体呈现“N”字形趋势。1978年至1996年期间，我国粮食年均进口1 000万吨以上，最主要的进口产品为小麦(于文静，2014)[175]。1996年我国开始有限地开放大豆市场，2001年为履行WTO承诺完全开放了大豆市场，我国大豆进口逐年增加。在此背景下，国内大豆产业开始衰退，大豆种植业资源开始向粮食生产转移，从而使得我国粮食生产能力得到了迅速提高，进而使得1997年至2003年我国粮食进口开始大幅度下降，其中2003年降至205万吨的历史低位。2004年在粮食最低收购价政策和2003年粮食欠收的背景下，我国粮食进口突增，接近1000万吨。2004年我国粮食生产能力得以恢复，从2005年开始，我国粮食进口开始逐步回落。在2007—2008年的全球粮食危机背景下，我国粮食进口总量降至历史低点，2007年为151万吨、2008年为149万吨。在此期间我国南方又出现了严重的雪灾，这使得我国局部的粮食安全受到了严重的挑战。在美国次贷危机和欧洲主权债务危机的双重影响下，国际粮价自 2009 年开始不断下滑，而与之相对应的是国内粮价不断上行，国内外粮价的不断背离最终使得国内粮价高于进口完税到岸价格，并直逼配额外完税到岸价，从而形成了国内外粮价倒挂，产生套利空间，进而推动我国粮食大量进口，形成了粮食“进口持续激增”。2009 年我国粮食进口为 311 万吨，2010 年进一步增长至 567 万吨，2011 年略有回落后又开始急剧增长，2012 年突破千万吨，达到 1 394 万吨，2014 年接近 2 000 万吨，而 2015 年直接飙升至 3 264 万吨，比 2014 年增长了 67.8%，比 2009 年增长了 948%。（见表 3-1）

表 3-1　中国粮食进口的规模与品种结构　　　　单位：千吨

年度	总量	小麦	大麦	燕麦	玉米	稻米	高粱
1992	11 514	10 581	829	0	0	104	0
1993	7 295	6 424	774	0	0	96	0
1994	9 132	7 299	1 318	1	1	514	0
1995	19 683	11 586	1 274	0	5 181	1 642	0
1996	10 757	8 246	1 308	0	441	761	0
1997	4 065	1 861	1 874	3	0	326	0
1998	3 505	1 489	1 519	2	251	244	0
1999	2 958	448	2 269	1	70	168	1
2000	3 090	876	1 974	1	0	239	0
2001	3 366	690	2 368	1	36	269	1
2002	2 761	605	1 907	4	6	236	3
2003	2 052	424	1 363	6	0	257	2
2004	9 714	7 233	1 707	11	2	756	4
2005	6 231	3 510	2 179	14	4	514	9
2006	3 524	584	2 131	16	65	719	9
2007	1 513	83	913	5	35	472	4
2008	1 491	32	1 076	25	49	296	13
2009	3 113	894	1 738	43	84	338	17
2010	5 665	1 219	2 367	57	1 572	366	83
2011	5 412	1 249	1 776	56	1 753	578	0
2012	13 937	3 689	2 528	83	5 207	2 345	87

表 3-1(续)

年度	总量	小麦	大麦	燕麦	玉米	稻米	高粱
2013	14 522	5 507	2 335	93	3 265	2 244	1 078
2014	19 443	2 971	5 413	127	2 598	2 557	5 776
2015	32 639	2 973	10 732	155	4 730	3 350	10 700

注：表中数据为 0 的，是因为进口量相对较小，取整时四舍五入而导致的。

数据来源：美国农业部网站(http://www.usda.gov/topics/data)。

从进口粮食的品种结构上来看，在 1999 年之前我国主要进口的是小麦、大麦和稻米，而玉米、燕麦和高粱进口量极为有限。其中小麦在 1995 年达到历史高峰，进口量达 1 159 万吨，之后开始逐步回落；大麦作为此阶段主要的饲料粮其进口量呈平稳增加趋势，其年平均量为 140 万吨；稻米进口的年平均量为 48 万吨，主要来源地为泰国，其进口的主要目的是满足高端消费。1992 年邓小平南方谈话之后，东南沿海一些省份工业经济迅速发展，挤占了过多的耕地，使得稻米出现了较大的减产且减产现象向其他粮食品种迅速蔓延。为缓解我国自 1993 年下半年以来稻米和玉米供求紧张的矛盾，我国在 1995 年分别进口了玉米 518 万吨、稻米 164 万吨。1994 年 12 月中央政府决定从 1995 年开始提高粮食定购价格，之后不久，我国政府又开始酝酿税制改革，1996 年我国涉外税制也发生了重要改革，粮食进口关税在降低的同时其进口税收减免优惠政策也被取消了。在这些政策的作用下，我国粮食各品种的进口量在 1997 年至 2003 年保持了较平稳的发展。2003 年我国小麦在生长期受小麦赤霉病特大流行影响、在夏收期又受非典疫情的影响，从而出现了比较严重的减产(孟凡军，2004)[176]。因此，2004 年及 2005 年我国小麦进口分别激增至 723 万吨和 351 万吨，从而缓解了国内的需求缺口。2005 年之后直至 2008 年，我国粮食各品种的进口又开始恢复至 2004 年以前的水平并保持了相对稳定的发展。2009 年我国粮食进口进入了快速增加的通道，粮食各主要品种的进口量与上年相比都有较高的增加率，其中小麦与上年相比增加了 1 794%、大麦增加了 62%、燕麦增加了 72%、玉米增加了 71%、稻米增加了 14%、高粱增加了 33%。2010 年国内畜牧业、生物燃料产业及相关粮食深加工产业的快速发展，促进了玉米需求量的快速增加，从而使得玉米的进口量陡增，与上年相比增加了 1 771%，当年的进口量超过了以前十多年的进口量之和，2010 年成为了我国玉米进口的分水岭。2011 年粮食各主要品种的增速在 2010 年的基础上保持相对稳定。2012 年粮食各主要品种的进口增速又出现了快速发展，与 2011 相比小麦增加了 195%、大麦增加了 42%、燕麦增加了 48%、玉米增加了 197%、稻米增加了 306%、高粱增加了171 536%。

之后小麦、玉米、稻米三大主粮在配额的约束下增长速度开始放缓，而大麦和高粱由于没有配额限制成为了进口量最大的粮食品种，2013 年高粱进口量突破 100 万吨，与上年相比增长达 1 139%。2014 年大麦和高粱的进口量双双突破 500 万吨，与上年相比增长分别为 14%和 436%。2015 年大麦和高粱的进口量再创新高，二者双双突破 1 000 万吨，在上年的基础上分别增加了 31%和 85%。

总的来看，2003 年以来，虽然我国粮食生产出现了"十三连增"，但是出口规模在不断缩减，进口规模却在不断扩大，持续多年的进出口大致平衡状态已经发生了根本性逆转，自 2009 年开始，我国粮食各主要品种的进口都进入了快车道。目前，我国已成为世界第一大粮食进口国。

二、中国粮食进口在当前国家粮食安全战略中的地位

要明确我国粮食进口在当前国家粮食安全战略中的地位，首先就必须分析我国粮食的生产与消费现状，并探讨其未来的供需缺口。

（一）中国粮食生产的规模与结构分析

从中国粮食的总产量来看，自 2003 年至 2015 年以来已经实现了"十三连增"。从表 3-2 中可以看出，中国粮食产量在 1998 年为 3.92 亿吨，达到了一个历史高点，当年，我国政府宣布中国的粮食总量问题已经得到了初步解决。之后一直到 2003 年这六年间除了 2002 年与 2001 年保持基本持平并略有增加之外出现了持续减产。2003 年我国粮食在多种因素的综合作用下降到了历史低点，仅为 3.23 亿吨。2003 年开始，我国粮食产量开始出现了恢复性增加，到 2006 年达到了 3.95 亿吨，超过了 1998 年的历史高点。2007 年至 2015 年我国粮食每年都有较好的增产表现，2015 年的粮食产量更是突破了 5 亿吨大关。但是从作为基本口粮的小麦和稻米的产量来看，仅 2012 年至 2015 年四年超过了 1997 年的 2.64 亿吨，且这四年在 1997 年基础上的年均增长仅为 8%，增长的幅度十分有限。而且，小麦的产量只有 2014 年和 2015 年这两年超过了 1997 年的产量水平，稻米的产量只有 2011 年至 2015 年达到并超过 1997 年的产量水平，但是作为 2015 年的历史最高水平产量只比 1997 年增加了 528 万吨。

表 3-2　中国粮食的生产规模与品种结构　　单位：千吨

年度	总量	小麦	大麦	燕麦	玉米	稻米	高粱
1992	341 249	101 590	4 665	640	95 380	130 354	4 740
1993	347 958	106 390	4 327	640	102 700	124 390	5 511
1994	336 742	99 300	4 411	600	99 280	123 151	6 300
1995	356 369	102 215	4 089	640	112 000	129 650	4 755

表 3-2(续)

年度	总量	小麦	大麦	燕麦	玉米	稻米	高粱
1996	388 458	110 570	4 000	600	127 470	136 570	5 676
1997	378 441	123 289	4 000	400	104 309	140 490	3 640
1998	392 286	109 726	2 656	650	132 954	139 100	4 087
1999	390 034	113 880	2 970	600	128 086	138 936	3 242
2000	345 129	99 640	2 646	600	106 000	131 536	2 582
2001	340 614	93 873	2 893	790	114 088	124 306	2 697
2002	343 096	90 290	3 322	493	121 308	122 180	3 327
2003	323 492	86 490	3 250	654	115 830	112 462	2 865
2004	355 564	91 952	3 222	600	130 287	125 363	2 328
2005	371 699	97 445	3 444	700	139 365	126 414	2 546
2006	394 621	108 466	3 130	400	151 603	127 200	2 183
2007	398 678	109 298	2 785	643	152 300	130 224	1 920
2008	419 204	112 464	2 823	530	165 914	134 330	1 837
2009	421 465	115 120	2 318	580	163 974	136 570	1 677
2010	435 951	115 180	1 972	525	177 245	137 000	2 456
2011	456 736	117 400	1 637	600	192 781	140 700	2 051
2012	476 215	121 023	1 626	600	205 614	143 000	2 556
2013	489 867	121 930	1 700	580	218 489	142 530	2 892
2014	493 518	126 208	1 810	600	215 646	144 560	2 885
2015	507 782	130 190	1 870	600	224 632	145 770	2750

数据来源:美国农业部网站(http://www.usda.gov/topics/data)。

从粮食的生产结构来看,各粮食品种 2015 年的产量与 2003 年相比,小麦增加了 50.53%、大麦增加了 -42.51%、燕麦增加了 -8.26%、玉米增加了 93.93%、稻米增加了 29.62%、高粱增加了 -4.01%。各粮食品种 2015 年的产量与其在 1992 年至 2003 年间的最高产量相比,小麦增加了 5.59%、大麦增加了 -59.91%、燕麦增加了 -24.05%、玉米增加了 68.95%、稻米增加了 3.76%、高粱增加了 -56.35%。从各粮食品种的增长率的对比中可知,我国粮食总量的"十三连增"主要来源于玉米连续快速增产的贡献,2004 年玉米突破 1.3 亿吨,2006 年突破 1.5 亿吨,2010 年突破了 1.7 亿吨,2012 年又突破了 2 亿吨,到 2015 年已经达到了 2.25 亿吨。在 2003 年至 2015 年玉米连续增产的诸多因素中,其中最重要的就是播种面积的大幅度增加,以 2003 年为基期,玉米的播种面积年均环比增长率约为3.5%左右，同比增长率2007年突破了20%，2013年突破了50%，2015年达到了58.38%。与之相伴的是大麦、燕麦、大豆、薯类等其他农作物播种面积的减少。

从以上分析可知，我国粮食所谓的“十三连增”准确的说法应该是传统意义上的粮食总产量实现了“十三连增”，而且这个“十三连增”是建立在2003年粮食产量历史低点的基础之上的。事实上，作为我国居民基本口粮的小麦和稻米的产量则是于近几年才刚刚恢复至1997年的产量水平。从粮食生产的结构上看，目前粮食的“十三连增”主要源于玉米产量的提高，而玉米的连年增产在很大程度上实际是对其他粮食品种的生产替代。换而言之，在未来我国继续通过播种面积的替代来实现粮食增产的空间已经非常有限，2013年至2015年玉米以及粮食总量的增长速度明显放缓也说明了这一点。

（二）中国粮食消费的规模与结构分析

从我国粮食的需求情况来看，自2008年以来我国粮食生产总量每年都在4亿吨之上，而且在2015年已突破5亿吨，而从表3-3可以看出，我国粮食消费在2009年也突破了4亿吨，且在2015年已达到4.95亿吨。可见，虽然自2008年以来，我国粮食生产的总量基本上每年都略大于消费总量，但是这种供求关系相对来说是比较脆弱的，也就是说，一旦粮食生产受到外部一些不可控因素的影响，这种脆弱的平衡关系就可能被打破。从我国粮食的需求结构来看，小麦的消费量在2000年和2012年分别达到历史峰值，而这两个历史高峰值间的增长率仅为13.35%；而稻米的消费量在2001年和2014年分别达到历史峰值，峰值间的增长率为5.56%。可见，作为基本口粮的小麦和稻米的需求在保持基本稳定的情况下而略有上升。而作为三大主粮之一的玉米，其消费量除了2014年有所回落之外，自1992至2015年的年平均环比增长率达到了4.05%，到2015年的消费量已达到了2.72亿吨，占粮食总消费量的43.92%。对于大麦及燕麦这两个粮食品种，在2013年之前国内的总体消费量基本保持稳定，年平均消费量分别在490万吨及61万吨左右。而对于高粱这一粮食品种，1992年至1999年年平均消费量在472万吨左右；2000年至2012年间其年平均消费量出现了较大幅度的下降，为237万吨左右。这三个粮食品种总体上在2013年之前消费规模相对稳定，但在2013年之后却出现了快速增长的趋势，其中大麦2014年突破了1 160万吨、燕麦2015年接近80万吨、高粱2014年接近1 300万吨。

表 3-3　中国粮食的消费规模与品种结构　　单位：千吨

年度	总量	小麦	大麦	燕麦	玉米	稻米	高粱
1992	335 065	104 281	5 673	722	87 800	128 135	4 574
1993	343 382	105 343	5 743	640	92 900	129 340	5 416
1994	349 174	105 355	5 854	640	97 000	130 117	6 355
1995	353 081	106 499	5 550	640	101 200	131 237	4 935
1996	360 563	107 615	5 700	593	105 750	131 954	5 379
1997	363 194	109 056	5 575	400	109 500	132 700	3 650
1998	369 326	108 250	5 209	600	113 920	134 100	4 134
1999	372 279	109 340	5 200	600	117 300	134 200	3 319
2000	375 004	110 278	4 900	600	120 240	134 300	2 561
2001	378 209	108 742	4 500	700	123 100	136 500	2 700
2002	377 186	105 200	4 900	585	125 900	135 700	2 725
2003	375 441	104 500	5 200	650	128 400	132 100	2 650
2004	373 382	102 000	5 350	620	131 000	130 300	2 300
2005	376 610	101 500	5 400	625	137 000	128 000	2 300
2006	382 714	102 000	4 300	525	145 000	127 200	2 050
2007	391 383	106 000	3 800	625	150 000	127 450	2 000
2008	399 681	105 500	4 300	575	153 000	133 000	2 000
2009	414 571	107 000	4 500	625	165 000	134 320	1 900
2010	433 948	110 500	4 050	625	180 000	135 000	2 200
2011	458 292	122 500	3 800	625	188 000	139 600	2 200
2012	475 671	125 000	4 000	675	200 000	141 000	3 200
2013	483 046	116 500	6 300	700	208 000	143 000	6 800
2014	490 059	116 500	11 600	750	202 000	144 500	12 900
2015	495 165	112 000	7 900	795	217 500	144 000	11 000

数据来源：美国农业部网站

随着我国工业化、城镇化步伐加快，人们收入水平提高，农村居民大规模进城后的消费结构变化，我国粮食需求的总量及结构也将随之发生重大变化。《中国统计年鉴 2016》的相关数据显示，对于城镇居民而言，2015 年我国城镇居民的人均可支配收入已高达 31 194.8 元，人均消费支出为 21 392.4 元，其中食品支出为 6 359.7 元，食品占消费总支出的比例为 29.7%，与 2013 年的 30.1%及 2014 年的 30%相比继续保持下降趋势。对于农村居民而言，2015 年我国农村居民的人均可支配收入为 11 421.7 元，人均消费支出为 9 222.6 元，其中食品支出为 3 048 元，食品占消费总支出的比例为 33.1%，与 2013 年的 34.1%及 2014 年的 33.6%相比也继续保持下降趋势。虽然农村居民食品消费支出的相对数与城镇居民相比下降的速度更快，但是其近三年基本上都保持了 3 个百分点的差距。

表 3-4　　我国农村/城镇居民人均主要食品消费量　　单位：千克

	指标	1990	1995	2000	2005	2010	2012
城镇居民	粮食	130.7	97	82.3	77	81.5	78.8
	食用植物油	6.4	7.1	8.2	9.3	8.8	9.1
	蔬菜	138.7	116.5	114.7	118.6	116.1	112.3
	肉禽及水产品	33.9	32.8	37.1	45.5	49.9	50.9
	蛋及制品	7.3	9.7	11.2	10.4	10	10.5
	奶及制品	4.6	4.6	9.9	17.9	14	14
农村居民	粮食	262.1	256.1	205.2	208.8	181.4	164.3
	食用植物油	5.2	5.8	5.5	4.7	5.5	6.9
	蔬菜	134	104.6	106.7	102.3	93.3	84.7
	肉禽及水产品	14.7	17	22.2	27.3	27.4	28.9
	蛋及制品	2.4	3.2	4.8	4.7	5.1	5.9
	奶及制品	1.1	0.6	1.1	2.9	3.6	5.3

数据来源：国家统计局。由于 2012 年后我国对食品的统计口径发生了变化，为了便于比较，故只统计到 2012 年。

从表 3-4 中也可以看出，从 1990 年以来，我国城镇居民粮食消费量总体上呈下降趋势，到 2012 年仅 78.8 千克，而农村居民的粮食消费量在总体趋势上虽然也是下降的，但相对于城镇居民来说，其下降的幅度要慢且在年度总量上要大一倍左右。对于食用植物油、蔬菜，城镇居民略高于农村居民，而对于肉(包括水产品)、蛋、奶，则城镇居民的消费量则远高于农村居民。另外，从美国、欧盟等世界其他国家对粮食、肉类、植物油及糖类四大类食物的历史消费规律来看，随着我国经济社会的加速发展，我国口粮的需求在数量上将会逐步呈下降趋势、在质量上将会逐步呈上升趋势，但是肉、蛋、奶将会不断上升，这将引致饲料粮的需求上升。可见，在自然资源硬约束下的我国粮食分工系统已无法生产国民所需的全部粮食品种，换言之，粮食进口难以避免。

(三) 中国粮食进口的战略性作用

中外学者们对于中国及世界的粮食安全问题开出的“药方”归纳起来主要有

四条：一是通过资源优化配置来提高粮食供给能力（严瑞珍，1997；丁声俊，2015）[177-178]；二是依靠技术进步来提高粮食的生产力水平（袁隆平，2015）[179]；三是通过制度变革来最大限度地解放农业生产力（吴志华等，2011；邓大才，2005）[180-181]；四是通过国际贸易从世界范围内来调剂余缺（林毅夫，2004；卢峰，1997）[65-66]。在经济全球化不断发展的背景下，国际贸易对于全球粮食安全的作用开始不断地受到学者们的重视。按照斯密的绝对优势理论，由于各国可用耕地的数量及肥沃程度不同，各国粮食的种植成本将存在绝对差异；而按照李嘉图的比较优势理论，各国的经济发展水平及农业技术水平也存在较大差异，而这将导致各国粮食种植成本的相对差异。因此，通过国际粮食贸易可以对国内粮食市场进行调节，使其保持在供需平衡的状态。毛学峰等（2016）认为，中国的粮食进口形势已经从之前的调剂余缺向大规模进口转变，未来粮食不安全问题更多地表现在粮食的流通与贸易环节[182]。

随着我国经济的快速发展和人们生活水平的不断提高，与过去温饱时代相比，我国粮食需求的数量和质量已经发生了巨大的变化。尽管从目前粮食生产的现状上来看，我国粮食的产量在经历了“十三连增”后仍然存在一定的增产能力，但是考虑到我国有限的水土资源及渐进式的农业技术进步，粮食产量的增长可能还是难以满足旺盛的国内需求。国内外一些权威机构及学者对中国粮食问题十分关注，他们从中国人口总量、食物营养标准、粮食消费增长趋势等角度对我国 2020 年粮食消费的总量及结构进行了预测，预测结果如表 3-5 所示。从表 3-5 可以看出，无论是从粮食总量的角度还是从粮食各具体品种的角度，国内外相关机构的预测都显示我国粮食在未来还存在较大的供需缺口。在我国粮食生产能力短期难以有较大提升的前提下，粮食的供需缺口还得依赖于进口贸易来解决。这也就是说，在未来一段时期内，我国将可能面临粮食进口的常态化。

表 3-5　国内外机构对我国 2020 年粮食需求的预测　　单位：万吨

	OECD-FAO	FAPRI	USDA	中国国家统计局	中国农业展望报告	中国农业部农业贸易促进中心课题组	均值
小麦	13 157	12 845	12 942		12 952		12 974
稻谷	20 240		21 644		20 460		20 781
玉米		23 453	26 501		24 300		24 751
大麦		538	661				600
高粱			800				800
粗粮	26 494						26 494

表 3-5(续)

	OECD-FAO	FAPRI	USDA	中国国家统计局	中国农业展望报告	中国农业部农业贸易促进中心课题组	均值
谷物				58 696			58 696
大豆	9 762	8 947	10 552		8 580		9 460
口粮				26 952		26 000～31 000	27 984
饲料粮				16 631		30 000～32 000	26 210
工业粮				16 592		10 000～11 000	12 531
种子粮						1 100	1 100
总计	74 600	72 600	77 500	73 400	72 500	72 000～75 000	73 943

数据来源：根据 OECD-FAO Agricultural Outlook 2015—2024、FAPRI—ISU 2012 World Agricultural Outlook、国家统计局重庆调查总队课题组课题“我国粮食供求及‘十三五’时期趋势预测”、农业部农业贸易促进中心课题组《粮食安全与“非必需进口”控制问题研究(2016)》等资料整理。

从粮食生产环节来看，粮食进口主要是弥补了国内粮食生产的不足。改革开放至 20 世纪 90 年代中期，随着人们收入水平的提高和政府对消费市场政策约束的减少，粮食的人均消费量得以迅速增加。此阶段我国粮食进口量大多在 1 000 万吨以上，主要进口品种为小麦，这为有效地解决 10 亿中国人的温饱问题作出了贡献。从粮食消费环节来看，粮食进口不仅有利于改善我国粮食消费的结构，也有利于提高粮食消费的质量。20 世纪 90 年代中期到 21 世纪初，我国粮食产量得到了大幅提高，粮食的自给能力明显增强。此阶段我国的粮食进口不但满足了人们对粮食产品多样化的需求，提高了人们的生活水平，而且还有效地支持了我国的工业化建设和产业结构调整。2009 年以来，随着我国经济的快速发展和城镇化水平的不断提高，食品消费结构的升级使得人们对肉、蛋、禽类粮食转化类食品的需求量不断增加，从而导致了国内粮食消费的结构性变革，饲料粮的需求与日剧增。同时，养殖技术的迅速发展使得蛋白粕的需求得以提高，又进一步地改变了饲料粮的消费结构。由此产生的粮食需求缺口有很大一部分是通过进口来进行填补的。从某种程度上来看，进口粮食就是进口了水土资源，它可以降低社会成本，缓解资源环境压力，有效地确保国内粮食产能。

三、粮食进口的不同状态对粮食安全的影响

近几年，我国粮食出现了进口量、生产量、库存量“三量齐增”的怪现象并愈演愈烈，其重要原因之一就是对粮食进口缺乏相应的监管措施，导致了粮食的过

度进口。中央提出“适度进口”的粮食安全战略,实质上蕴含了两层意思:一是鉴于我国人多地少的现实情况,强调利用国际市场来保障我国的粮食安全;二是要把握进口的度,不能让粮食进口冲击国内市场,对国内粮食生产造成负面影响。因此,在考察粮食进口对粮食安全的影响时,应该把粮食进口区分为适度进口和过度进口两种不同状态来具体分析。

(一)粮食适度进口对粮食安全的影响

首先,粮食适度进口有利于补偿粮食总量缺口及调剂粮食结构失衡。我国以占世界7%的耕地,却需养活占世界22%的人口,这种人口与资源的巨大矛盾使我国粮食供需缺口的压力长期存在,而一旦这种供需缺口变成现实时,就需要依靠进口来弥补。另外,经济的快速发展及消费结构的升级使得我国粮食的消费更趋多样化,而粮食生产与工业品生产不同,由于受到自然因素及农作物自身因素的限制,它不可能完全响应消费结构的变化。因此,从满足人们多样化的粮食需求来说,粮食进口有利于调剂粮食消费品种的缺口。其次,粮食适度进口有利于倒逼粮食体制改革。过高的粮食自给率将可能对长期的粮食安全导致三大危害。其一是对粮食产量的追求可能会使得部分地区出现围湖造田、毁林开荒等破坏生态环境,导致环境污染的行为。而这种短期行为又必将危及粮食乃至整个农业的可持续发展。其二是在粮食单产短期增加有限的情况下,增加要素投入成为了粮食增产的主要手段,而这一方面会使得我国原本捉襟见肘的土地与淡水资源进一步集中于粮食生产,损害农业生产的比较优势;另一方面农药与化肥等的大量使用,不仅降低了土壤与粮食的品质,也提高了粮食生产成本,降低了我国粮食的竞争力。其三是过高的粮食自给率也不符合我国对外开放的基本国策要求。在经济全球化背景下,世界各国确保“粮食安全”的战略空间已经得到了进一步拓展,充分利用国际国内两个市场比单纯依靠国内更有利于确保国家粮食安全。

(二)粮食过度进口对粮食安全的影响

粮食过度进口是指超过了国内粮食供需平衡及合理库存之外的粮食进口,其对国内粮食安全的影响主要表现在三个方面。其一,粮食过度进口将冲击国内粮价。在适度进口下,国内粮食市场处于供需基本平衡状态,而过度进口将导致供过于求,从而使得国内粮价走低。另外,由于进口粮食的价格主要由国际市场决定,这就使得影响国际粮价的相关因素通过价格机制而传导到国内粮食市场,进而影响宏观经济的稳定。其二,粮食过度进口将冲击粮食产业。从粮食生产的角度来看,具有价格优势的进口粮食可能会对国内同品种粮食产生挤出效应,进而使得国内的产量和产能发生萎缩;从粮食加工角度来看,由于我国粮食市场的不断开放,外资已进入了整个粮食产业链,过度的粮食进口与外资粮油加工企业的结合不仅可能改变国内粮食流通格局与产业空间布局，还可能形成市场垄断力量。其三，粮食过度进口将抑制农民增加收入。我国作为一个农业大国，种粮收入仍然是农民收入的重要组成部分。由于粮食的过度进口将压低国内粮食价格，进而直接损害种粮农民的利益。近几年，粮食进口的激增已使我国粮食库存达到了前所未有的高度(农业部农业贸易促进中心课题组，2016)[24]。其原因可以从这两个方面来看：一方面，是国内粮食竞争力严重不足。以2015年1—9月份的平均价格计算，我国小麦批发价比国外小麦到岸税后价大约高出37%，大米价高出42%，玉米价更高出51%(丁声俊，2015)[178]，这种巨大的国内外价差使得粮食进口变得有利可图。另一方面，是我国国际贸易保护措施不力。长期以来，全球的产粮大国如美国、欧盟国家等已经形成了比较完善的粮食贸易保护政策措施，瑞士、日本、韩国等国家对粮食进口也保持了较高的关税水平。相对而言，由于我国在加入WTO时就农业领域作出了巨大而广泛的承诺，取消了几乎所有的非关税措施，粮食产品的关税承诺也相当低，这就使得国外粮食到岸税后价比国内的粮食市场价还低。因此，从粮食关税这一角度来看，我国是世界上粮食市场最开放的国家，关税基本上不能起到限制国外粮食进口、保护国内粮食产业发展的作用。

第三节　本章小结

本章我们对中国食品安全标准的基本现状进行了系统地分析，并以我国粮食进口、粮食生产、粮食消费的历史数据为基础，分析了我国粮食进口的基本现状及其对粮食安全的影响。通过本章研究，我们发现：第一，新中国成立以来，我国食品安全标准的演变经历了起步阶段、调整阶段、规范阶段三个发展阶段，目前，我国食品安全标准建设虽然取得了很大的成绩，但与发达国家相比在标准体系的完善程度、标准制定的科学性、标准的总体数量及其覆盖面、标准的执行力度、标准的贸易保护作用等方面也还存在明显的不足。第二，我国粮食生产在规模上虽然自2003年以来已经实现了“十三连增”，到2015年已经突破5亿吨大关，但是，从供给的角度上看，我国粮食生产无论是在规模上还是在结构上仍然存在安全风险。我国粮食消费在规模上呈持续上升趋势，在结构上发生了重大转变，消费升级使得我国粮食无论是在总量上还是在结构上都还面临着较大的进口压力。我国粮食进口在规模上呈现先增长、后下降、再增长的“N”字形趋势，目前我国已是全球最大的粮食进口国，粮食进口已经成为我国粮食安全国家战略不可或缺的重要组成部分，适度的粮食进口将有利于弥补我国粮食供需的总量缺口及结构性缺口，但是，过度的粮食进口则将危及国家粮食安全。

第四章　食品安全标准进口贸易效应的理论分析

本章从理论的角度分析食品安全标准的进口贸易效应。研究的基本思路为：首先，分析食品安全标准对粮食产业、粮食市场及粮食国际贸易的影响，奠定理论分析基础；其次，在 Fischer & Serra(2000)等经典文献的模型基础上，引入制度因素构建食品安全标准进口贸易效应的基本理论模型；接下来，借助边际分析工具，对理论模型进行数理推演，从理论上推导食品安全标准对进口贸易的促进与抑制效应、贸易壁垒效应及贸易转移效应，揭示食品安全标准进口贸易效应的形成机理。

第一节　理论分析基础

一、食品安全标准对粮食产业的影响分析

与传统粮食产业不同，在食品安全标准作用下的现代粮食产业是把资源、环境及粮食质量与安全标准等要素作为生产约束条件纳入粮食产业生产函数之中的，同时这些要素也是作为收入要素而被纳入粮食产业利润函数之中的。可见，食品安全标准在粮食产业的不断发展演变过程中，正是通过对其生产、交换与消费等各环节要素变量的影响来发生作用的。具体而言，食品安全标准对粮食产业的影响主要有以下几个方面。

（一）食品安全标准转变了粮食产业的发展机制

现代粮食产业发展的初始条件是建立在对传统粮食产业变量的替换和修正的基础之上的，在这一替换和修正的过程中，食品安全标准起到了反应器的作用。具体来说，其作用主要表现在三个方面。第一，食品安全标准促使了粮食生产的外部性内在化。传统粮食产业在生产过程中为追求高产量和自身利益最大化，具有加大要素投入的内在动力，这些投入要素主要包括土地、农药及化肥等，而这不仅可能会使得粮食产品的农药残留、重金属等安全指标超标，也可能会使生态及环境出现恶化倾向。对于这些粮食生产过程的负外部性，在传统粮食产

业的空间分散性和小农经营模式下，对其进行惩罚与约束常因成本高昂而难以实施。食品安全标准把社会和消费者对粮食质量安全的需求转换为公共政策管制及价格信号，通过市场机制形成稳定合约和高利润回报的方式来对粮食生产者进行激励或惩罚，进而诱导粮食生产者自觉地采用资源节约、环境友好、质量可靠的粮食生产行为，从而使得粮食生产的负外部性部分地得以内在化。第二，食品安全标准促使了粮食产品的信息协调。传统粮食生产模式导致的粮食质量安全问题可能引发消费者的信任危机，这将使得粮食市场陷入劣币驱逐良币的困境。食品安全标准的实施在一定程度上替消费者充当了粮食质量安全信息需求的代理人角色。食品安全标准的实施使得粮食生产者的责任从生产环节延伸到了消费环节，提升了消费者的追溯能力，而处于生产和消费之间的粮食流通商将根据食品安全标准的要求将食品质量信息和市场需求信息向生产与消费两端传递，从而使粮食产品信息得以协调。第三，食品安全标准促使了粮食产业合约的完全化。相关研究表明，我国农业领域企业与农户所签订合同的违约率高达80%以上(沈宇丹等，2012)[183]，其原因主要在于农业生产的不确定性风险降低了合同的完全性以及提高了农业资产的专用性风险。由于食品安全标准具有学习成本和网络外部性效应，这使得粮食生产者有动力进行专用性资产投资，进而可以使粮食产品质量更加稳定，降低粮食生产过程中的不确定性风险，从而提高合约的完全化程度。

(二) 食品安全标准调整了粮食产业的产业组织

食品安全标准的实施将对粮食产业的产业组织产生一系列的影响，具体而言，主要体现在四个方面。第一，食品安全标准将促使各种创新资源向粮食产业链集聚。食品安全标准的一个重要功能就是对粮食产品中各项技术指标进行技术约束，粮食产业链的各类经营主体为了向消费者提供达标的粮食产品，将会从生产、运输、储藏、制种、加工等各个环节加大技术投入，从而带动粮食产业技术进步。第二，食品安全标准将促使粮食生产者的专业化。食品安全标准针对不同的粮食品种具有不同的技术要求和检测指标体系，这就需要粮食生产者在了解和学习各种粮食作物标准的基础上，再结合当地的水土自然条件作出粮食作物的生产决策，而这将形成粮食生产的初步分工。另外，由于粮食生产者对于某一种粮食作物的标准具有学习成本，且其转向另一种粮食作物生产时又存在转换成本，在这两种成本的交织下，食品安全标准就会对粮食生产者产生所谓的"锁定"效应，这将进一步强化粮食生产者的专业化。第三，食品安全标准将促使粮食产业中介组织的发育。食品安全标准从制度和技术两个层面对粮食的品质作出了具体的规定，这从某种程度上来说可能增加粮食生产者和经营者的遵循成本，为了最大程度地降低这种遵循成本，提高整个粮食产业的运作效率，一些中介组织如农业专业合作组织、农业协会、农产品加工企业联盟、行业标准协会等应运而生。第四，食品安全标准将促使粮食生产的规模效应。食品安全标准的推广及技术扩散将会降低生产者的学习成本，增加其转换成本，进而可以引导粮食生产者形成投资共识，并对临近区域产生示范效应和溢出效应，从而将促使不同粮食品种生产的规模化并逐步向特定的区域集中。

（三）食品安全标准重塑了粮食产业的竞争环境

粮食产业的竞争环境包括参与竞争的行业主体、行业竞争程度以及行业进入壁垒等几个方面，食品安全标准作为政府规范市场秩序的一项政策工具，其对粮食产业乃至整个农业的竞争环境都将产生重要的影响。具体而言，主要表现在三个方面。第一，食品安全标准的实施有利于改善粮食产业竞争主体的知识结构。食品安全标准作为一整套的制度规范和技术指标体系，对培养知识型农业产业工人、专业的行业技术人员及服务人员都具有重要的意义，进而在知识的“根植性”及“非系统知识”干中学、用中学的作用下，将逐步演化为粮食产业链的组织创新网络，形成以粮食质量为中心的竞争思维。第二，食品安全标准增强了粮食产业的竞争激烈程度和透明程度。传统的粮食行业竞争主要是基于价格的竞争，在食品安全标准的实施下，价格竞争已经不再是粮企竞争的唯一武器，粮食质量的竞争将成为行业竞争的硬指标。随着人们生活水平的不断提高，基于食品安全标准之上的粮食质量竞争将会越来越激烈，也会越来越透明化。第三，食品安全标准将成为行业进入的基础性壁垒。随着食品安全标准的实行，为了向消费者提供达标的粮食产品，在粮食产业将会出现生产过程社会化、分工垂直一体化的整体趋势，进而现代农机技术、信息技术、制种技术、灌溉技术、新材料技术等先进的粮食产业技术将被广泛地运用，这些先进技术将与大规模投资及专用资产结合在一起，形成一道行业准入的基础性壁垒。

二、食品安全标准与粮食市场的关联关系分析

技术标准的经济学研究表明，技术标准的制定与实施对现实经济的各个方面将产生显著的影响，Swann(2000)认为，技术标准已成为现代经济实体有效运行不可或缺的市场制度因素[29]。可见，在粮食市场不断开放的条件下，食品安全标准与粮食市场相互依存、密不可分。

（一）食品安全标准对粮食市场的基础性作用

按照现代微观经济学及新制度经济学的观点，粮食市场的整体运行框架包括市场的主体与客体、交易的制度与交易规则及交易成本等几个方面（见图 4-1）。其运行的基本逻辑就是市场主体在交易制度与交易规则的约束下，通过对市场客体的交易成本进行控制，以达到利润最大化或效应最大化的目的。粮食市场

运行的主线是围绕市场主体与客体之间的生产与消费能顺利进行的目标而展开。为达成此目标，需要通过文化习俗及法律法规的约束来形成粮食市场运行的游戏规则，进一步地通过比较具体的规范准则、标准体系等来维护市场秩序。对于企业、消费者及政府等市场主体而言，在经济理性的驱动下，为实现自身利益最大化或效应最大化，除了降低内在的生产成本或消费成本之外，就是最大限度地降低市场交易成本，扩展生产者剩余和消费者剩余的提升空间。

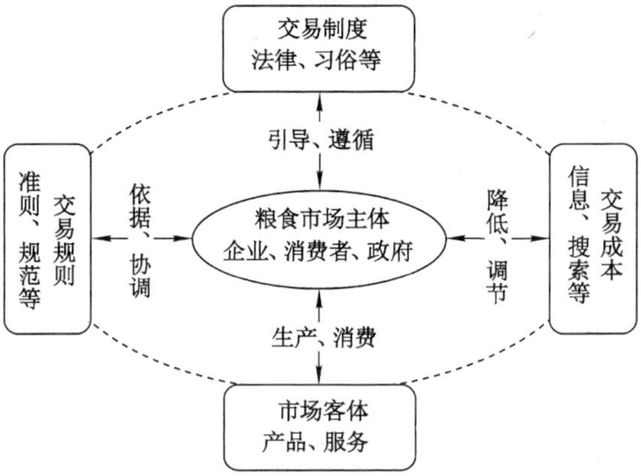

图 4-1　粮食市场的整体框架

随着经济全球化和国际贸易自由化的快速发展，市场竞争的方式和手段日趋多样化，在传统的产品与技术竞争的基础上，技术标准作为一种新的竞争工具已被各国政府及企业日益重视。一些学者甚至认为，技术标准的领先已经成为产业竞争的制高点，掌握了技术标准制定的话语权就意味着掌握了竞争的主动权，乃至控制权（王国顺等，2007；任向阳等，2009；林洲钰等，2014；史晋川等，2014）[184-187]。食品安全标准的文本中既包含技术指标、测验要求等细节性技术要求，又包含相关的技术解决方案，还包括相关的制度安排，其直接目的是让相关产品达到一定的安全要求或市场准入的条件。从前述我们对技术标准按其经济功能的分类中可以看出，食品安全标准对粮食市场起基础性的作用主要表现在三个方面。

第一，食品安全标准规定了粮食质量的最低水平。市场经济从某种程度而言是建立在信任的基础之上，但是，在信息不对称的情况下，价格机制的作用将部分地被扭曲，出现劣币驱逐良币的情况，而食品安全标准通过对粮食质量设置最低准入水平，从而减弱了信息不对称程度，降低了交易成本，从而为供需双方建立了一种信任机制。

第二，食品安全标准规定了兼容性。兼容性对于企业而言是一种技术策略，然而对于市场而言，相互不兼容的产品分割了市场份额，当不兼容发展到极致时，市场将不复存在。目前世界上大多数国家的食品安全标准都是以 CAC 的食品安全法典为基础进行修订完善的，这使得全球粮食市场有了一个基本一致技术指标体系供进出口企业参考，从而促进了全球粮食在质量指标上的相互兼容性。

第三，食品安全标准减少了粮食产品多样性。产品的多样性不利于形成规模经济，而规模经济是市场经济的一个重要基础。对于粮食而言，这种多样性的减少一方面表现在粮食品种的减少上，对于一些小品种粮食产品，由于没有相应的标准来评价其质量，生产者只能自行消费而不能进行交易，这无疑会促使这些粮食品种的产量减少；另一方面，对于主要粮食品种，比如小麦，全世界的主要小麦品种也达百余种，各品种的质量具有一定的差异，在食品安全标准的规范下，那些质量不能达标的小麦品种就可能渐渐消失。

（二）食品安全标准与粮食市场要素的关联关系

技术标准不仅成为了现代市场的主要制度性因素，而且也是重要的市场工具（张帆等，2009）[188]。作为技术标准体系重要组成部分的食品安全标准，对粮食市场的影响从微观层面来说主要是通过粮食市场要素来实现的（见图 4-2）。

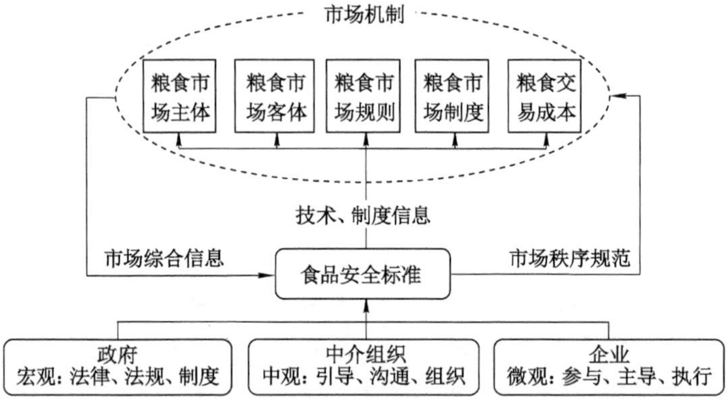

图 4-2　食品安全标准与粮食市场要素的关联

对于粮食市场主体而言，食品安全标准不仅通过品种简化造成了生产方的规模经济，而且也通过网络效应造出了消费方的规模经济。同时，大部分食品安全标准的制定和组织实施主要由政府主导，而政府则可以通过对标准制定和实施来对粮食市场进行宏观调控。对于粮食市场客体而言，食品安全标准所规范的直接对象便是粮食产品，标准通过对质量、兼容性、产品外观等作出相应的技术规范，将有利于促进粮食市场容量的扩大。对于粮食市场交易规则而言，食品安全标准作为各类粮食市场主体共同遵守的准则，其本身就是一种市场约束。粮食市场规则主要包括交易方式规范和交易行为规范，而食品安全标准通过对粮食市场秩序的维持与协调，对市场规则的两个方面都将产生重要影响。对于市场制度而言，食品安全标准提供了一种交易结构，通过这种交易结构确定交易成本，进而协调各方达成利益均衡，因而其本身就代表了一种制度，可见，对于市场经济来说，技术标准化过程就是一种制度化的过程（张帆等，2009）[188]。对于交易成本而言，粮食市场中的交易成本主要包括信息成本、搜索成本、机会主义等方面，而食品安全标准对这些方面都具有弱化作用。

通过图 4-2 可知，粮食市场在运行的过程中，市场主体依据食品安全标准所支撑的交易规则和交易制度，对市场客体进行交易运作，进而最大限度地降低交易成本，实现利益或效应最大化。市场机制一方面通过市场要素对食品安全标准提供市场综合信息的反馈；另一方面，食品安全标准又通过市场秩序规范为市场机制的有效运行提供保障。在食品安全标准的形成过程中，政府在宏观上为食品安全标准的制定和实施提供了法律、法规和制度方面的环境；相关中介组织则一方面起到沟通政府和企业的作用，另一方面则对于行业食品安全标准的制定起到了引导和组织的作用；企业作为食品安全标准制定的微观主体，不仅直接参与或主导了相关食品安全标准的制定，也是食品安全标准规范的直接对象。可见，食品安全标准通过与粮食市场要素的相互作用，成为了粮食市场经济有效运行的一块重要基石。

三、食品安全标准对粮食国际贸易的影响分析

结合食品安全标准对粮食市场要素的关联分析和对粮食产业整体影响的分析，本书从遵循成本、质量信号显示、网络外部性、国际贸易语言及国际贸易政策等角度来系统地分析食品安全标准对粮食进口贸易的影响。

（一）食品安全标准对粮食出口商遵循成本的影响

技术标准理论研究表明，进口国标准的实施通常会增加出口国的遵循成本，削弱其产品的国际竞争优势，或者因为出口国产品达不到该技术标准的要求而直接阻止其进入本国市场。所谓遵循成本是指企业将生产的产品进行调整以符合特定的标准要求而付出的成本，它主要包括生产成本和交易成本两个方面，生产成本主要是为了符合标准的技术要求而产生的，而交易成本主要是为了适应进口国标准的调整变化而产生的（孙莹，2012）[189]。

可见，在遵循成本的作用下，食品安全标准可能会演变成技术性贸易壁垒。

食品安全标准以通过对粮食中各项事关人体安全的技术指标做出具体的技术要求的形式出现，以保护国民健康为目的，常常具有形式上的合法性及合理性。但是，当一些国家出于贸易保护的需要，就可能制定过分严格的食品安全标准，这样就可能使得食品安全标准异化成为一种隐蔽的、难以对付的非关税壁垒。这种以食品安全标准为形式的非关税壁垒在实施过程中通过对国内外粮食生产者进行选择性歧视，旨在增加粮食出口商的遵循成本，进而成为粮食出口商进入进口国市场的障碍，影响粮食国际贸易的自由竞争。

（二）食品安全标准对粮食质量的信号显示作用

Hudson & Jones(2003)通过构建寡头垄断模型对标准化的影响进行研究认为，一方面技术标准可以提高并稳定产品质量，进而提升产品的国际竞争力，促进产品出口[152]。食品安全标准通过对粮食中农药残留、真菌霉素、添加剂、污染物等设定最低限量，形成了一整套指标体系，从而保证了粮食的质量。一国的食品安全标准之所以能够受到各方的普遍重视，其关键在于食品安全标准中的各项具体限量指标都是在严谨的科学基础上制定的，其制定机构一般是一国政府，因此，它具有很高的科学性和权威性，为人们提供了可以信赖的质量信息。普通消费者和进口商对于粮食中的农药残留、真菌霉素、添加剂、污染物等质量指标很难根据以往的经验和常识做出准确的判断，如果没有食品安全标准，他们购买符合质量要求的粮食将付出高额的搜索成本。同时，出口商因为语言、文化等原因，他们在说明出口产品质量信息时，也会面临诸多困难，这些都将成为国际贸易的阻碍因素。如果进口国对进口粮食设定了质量安全标准，则实际上为进口粮食提供了一种产品质量信号显示机制。对国内消费者而言，食品安全标准降低了他们购买粮食时的搜索成本；对国外出口商而言，如果他们的粮食符合某一个国家的食品安全标准，则实际上也降低了他们搜索买方的成本。

然而，从另一方面看，进口国食品安全标准的实施在保障进口粮食质量的同时可能会导致粮食产品多样性的减少，而粮食产品多样性的减少与消费者需求多样性不断增加的矛盾将会导致贸易量下降。根据产业内贸易理论，产品的质量差异将引发两种重要的产业内贸易形式。一是垂直差异产品的产业内贸易，它是指同一种产品上的质量差异，对于这种质量差异，假定消费者可以按照可供选择的产品对其进行排序，这种质量差异是相对于产品质量指标本身而言的，如优质大米、次优质大米、低档大米。二是水平差异产品的产业内贸易，它是指同一类产品上的质量差异，对于这种质量差异，假定消费者不能按照可供选择的产品对其进行排序，这种质量差异是相对消费者个人偏好而言的，如东北大米、泰国大米、湖南大米。一国的食品安全标准将对各类粮食的质量指标做出统一的要求，这就可能降低粮食产品的多样性，而产品多样性的降低将不利于产业内贸易的发展。

（三）食品安全标准为粮食的国际贸易提供了交易语言

Casper & Hancke(1999)、Grajik(2004)等在分析ISO 9000标准的效应时认为，ISO 9000标准认证有助于企业间的交流，世界各国企业在共同的ISO 9000标准认证平台上将就相关产品的质量信息达成一个统一的指标体系，这一统一指标体系又将成为企业间进行贸易往来的“共同语言”[190-191]。与ISO 9000标准类似，食品安全标准本质上是一个产品质量标准，粮食出口商通过对进口国食品安全标准的遵循，在内部将形成有序的质量管理规范。凭借这种质量管理规范的“共同语言”，粮食出口商一方面无需重新设计相关质量指标，从而节约了生产成本；另一方面，由于粮食出口商是按照进口国食品安全标准来进行生产的，因而可以最大限度地降低二者的交易成本。

从食品安全标准作为贸易“共同语言”的特质来看，其对粮食贸易影响的大小又与以下两个因素密切相关。一是进口国食品安全标准与CAC所规定的食品安全标准的差距大小。因为CAC所颁布的标准作为食品安全领域的国际标准，在世界范围内具有很强的科学性和权威性，成为了各国制定食品安全标准的一个重要参考标杆。如果进口国的食品安全标准相对于国际标准而言过于严格的话，其可能覆盖的潜在粮食出口国网络就越小，就越不利于标准网络外部性作用的发挥。二是食品安全标准的贸易“共同语言”特质也有利于削弱其贸易壁垒效应。相对于行业标准和企业个体标准而言，进口国的食品安全国家标准在全国范围内统一了相关质量指标和制度要求，消除了国内市场的多元进入门槛。可见，食品安全标准作为粮食贸易的“共同语言”使得进出口国间的粮食产品联通更加流畅，使贸易变得更加简单。正是基于此，2015年的世界标准日确定的主题就是“标准是世界的通用语言”。IEC主席野春淳二、ISO主席张晓刚、ITU秘书长赵厚麟(2015)在此次标准日的祝词中讲道：“无论你说哪种语言，标准的图形符号都能帮助你快速清楚地识别信息，如服装的清洗和护理指示、紧急疏散标识以及电子设备的说明等。但如果用五花八门的图形符号来表达同样的信息，人们将不知所云，无所适从。[192]”

（四）食品安全标准为粮食国际贸易设立了制度门槛

根据新制度经济学理论，国际贸易是在一系列国际贸易政策约束下开展的。国际贸易政策的制定主体，除了一些国际组织之外，最主要的就是各国政府。对于各国政府而言，其国际贸易政策是指一国政府从本国的政治经济利益和发展目标出发，在一定时期内为指导和规范对外贸易活动而制定的系列制度安排。它是一国总经济政策和发展战略的一个重要组成部分，集中体现为一国在一定时期内对进出口贸易所实行的法律、规章、条例及措施等。一国的食品安全标准都是依据这些法律、规章、条例及措施等进行具体制定的，是其国际贸易政策的重要组成部分，为该国的农产品国际贸易设立了基本的制度门槛。比如我国近二十年的食品安全标准就是在《食品卫生法》和《食品安全法》的基本框架下制定的。

国际贸易理论认为，国际贸易政策可分为自由主义贸易政策、保护主义贸易政策及规制主义贸易政策三种基本类型。在不同的贸易政策指导下制定的食品安全标准对粮食国际贸易的影响也是各不相同的。在自由主义贸易政策下，国家对国际贸易活动不加干预，对进口产品不设置障碍，使国外产品与国内产品在国内市场上自由竞争。在此政策思维下，一国食品安全标准的技术指标是以保障粮食产品的最低质量要求为底线而相对宽松的，标准的替代周期是稳定可期的。显然，在此政策思维下的食品安全标准将会有利于粮食国际贸易的发展。在保护主义贸易政策下，国家对国际贸易活动进行积极干预，通过各种措施来对进口进行限制，以保护国内市场和国内企业免受国外产品的竞争。在此政策思维下，一国食品安全标准的技术指标可能会以风险规避为借口而尽可能严格，标准的替代周期将是不稳定且不可期的。此政策思维下的食品安全标准将会增加粮食出口商的生产成本和交易成本，进而产生明显的贸易壁垒效应。管制主义贸易政策是介于自由主义贸易政策和保护主义贸易政策之间的一种对外贸易政策。在此政策思维下，一国食品安全标准的技术指标是相对中性的，标准的替代周期也是相对稳定可期的，因而其对粮食国际贸易的影响也是比较温和的。

第二节　理论模型构建

Fisher & Serra(2000)在本国厂商和外国厂商的技术水平等同的条件下，探讨了非歧视性技术标准的国际贸易效应[98]。他们的研究表明，标准制定国家为了促进本国的福利最大化，有内在动力驱使其不断提升本国的标准水平，使本国标准水平最终超越国际标准水平，其后果是侵占世界福利和保护本国贸易。Bonroy & Constantatos(2008)、徐洁香(2012)等在Fischer & Serra模型的基础上放宽了本国厂商和外国厂商的技术水平等同这一基础性假定，也得到了本国技术标准水平的提升有利于保护本国进口贸易这一类似的结论[193-194]。本章在他们的研究基础上，通过构建一个双寡头竞争模型来专门探讨食品安全标准对标准制定国的进口贸易效应。本书根据食品安全标准的特点，与他们研究的不同点主要体现在两个方面：一是相对于其他技术标准或一般性质的技术标准来说，消费者对食品质量与安全信息具有严格的不完全性，也即消费者基本无法辨认产品的质量与安全水平；二是与他们把技术标准主要看作是“技术”的集成不同，我们认为食品安全标准是“技术”与“制度”的系统集成，因此，我们把“制度”因素引入到了模型之中。

一、基本假设

假设存在本国厂商 A 和外国厂商 B 这样两个食品生产厂商，他们以规模收益不变的技术生产同一种产品并在本国市场上销售，此时这两个厂商之间进行的是经典的古诺竞争。需要进一步指出的是，由于我们假定了两个厂商的生产是规模收益不变的，如果两个厂商都能同时按照各自的食品安全标准（一般而言，各国的食品安全标准都存在一定的差异）来进行生产而不需要额外增加调整成本，那么在两国市场上，一国的食品安全标准不会对另一国厂商产生影响，从而本国厂商 A 和外国厂商 B 的利润最大化决策是相互独立的。但是如果厂商按照两种不同的食品安全标准来同时生产不同质量水平的产品则要增加额外的调整成本，因为厂商需要在两种不同的生产方式之间进行选择和调整：一是按照较高的食品安全标准生产产品在两国销售，这样虽然不会产生调整成本，然而较高的食品安全标准意味着较高的生产成本；二是按照两种不同水平的食品安全标准生产两种不同质量与安全水平的产品分别在两国进行销售，这样虽然生产成本相对较低，却要支付额外的调整成本。此时厂商决策将受到两国食品安全标准差异、市场规模等因素的影响，具有不确定性。为了分析上的简化，本书假定本国厂商 A 和外国厂商 B 都能同时按照两种不同的食品安全标准生产不同质量与安全水平的产品，并且不会增加额外的调整成本。因此，我们在分析本国食品安全标准的进口贸易效应时不必把本国厂商和外国厂商在国外市场的销售情形纳入分析的范围。

假定每个消费者最多只购买一个该种产品，设消费者 θ 从所购买产品的消费中获得的效应为 θs，s 为食品安全标准约束下的产品质量与安全水平，$\theta\in[0,b]$。所有的潜在消费者在$[0,b]$的区间上均匀分布，在此假定下 b 也就是潜在消费者的总量。本书对消费者效应函数的假定与 Crampes & Hollander(1995)、Bonroy & Constantatos(2005)、Kuhn(2007)[193,195-196]等的相关研究保持一致。

假定产品的生产成本是其质量与安全水平的函数，本国厂商 A 和外国厂商 B 的单位生产成本分别为 $c(s)$ 和 $\gamma\eta c(s)$ 且 $c(0)=0$，其中 γ 和 η 分别为大于 0 的常数。一般而言，产品的质量与安全水平与产品的生产成本存在正相关关系，也即 $c'(s)\geqslant 0$。由于消费者的效用水平与产品质量与安全之间存在正相关关系，随着产品质量与安全水平的不断提高，消费者愿意支付的价格水平的上升速度可能会比厂商的生产成本上升速度更快，而在这种情形下，邢孝兵等(2010)已论证均衡的技术标准水平将不存在[197]。因此，为了避免此种情形，本书进一步假定产品质量与安全水平的提高将导致厂商生产成本的加速上升，并且当产品质量与安全水平非常高时，厂商的生产成本趋向于无穷大，即 $c''(\cdot)>0$，$\lim\limits_{s\to\infty}c'(s)=\infty$，$\lim\limits_{s\to\infty}c(s)=\infty$。如果 $\gamma\eta>1$，则产品质量与安全水平的提高导致国外厂商生产成本增加的速度要大于本国厂商生产成本增加的速度，也即 $\gamma\eta c'(s)>c(s)$。本书利用这一假定来反映本国和外国厂商在遵循食品安全标准时的技术和制度差异，并由此说明食品安全标准的进口贸易效应。

二、模型构建

本国政府以食品安全标准作为技术要求和制度安排来确定在本国市场上销售的产品的最低质量与安全水平。对于消费者来说，高的质量与安全水平意味着高效用水平，因而消费者也愿意为此支付高价格。但是，对于产品的质量与安全水平而言，在信息不对称的约束下消费者对产品质量与安全信息可能具备一定的识别能力，也可能无法辨认。如果消费者能够无成本地对产品质量与安全水平进行不同程度的辨别，那么，厂商会选择按照不同的质量与安全水平进行生产，以实现利润最大化；消费者则按照不同的质量与安全水平支付不同的价格，以实现效用最大化。然而，对于食品安全标准而言，其主要涉及食品中污染物、农药残留、真菌霉素、食品添加剂等最低限量指标，这些指标都要通过严格的实验室检测才能确定，一般消费者很难通过产品本身来辨认。在此情况下，如果消费者由于信息不对称或技术等原因不能识别产品的质量与安全水平，则他们不可能为某个厂商的产品支付更高的价格，那么对于本国厂商 A 和外国厂商 B 来说，按照政府规定的食品安全标准来进行生产便是其最优决策。因此，当本国厂商 A 和外国厂商 B 都按照本国政府的食品安全标准所规定的最低质量与安全水平 s 进行生产时，那么该产品的市场需求函数可以表述为：

$$x^{d}=b-p/s$$

上式中 p 表示该产品的市场价格。根据上式可以求得反需求函数为：

$$p=p(x^{d})=(b-x^{d})s \tag{4-1}$$

根据式(4-1)可求得本国厂商 A 和外国厂商 B 的利润函数如下：

$$\pi^{A}=x^{A}(b-x^{d})s-x^{A}c(s) \tag{4-2a}$$

$$\pi^{B}=x^{B}(b-x^{d})s-x^{B}\eta\gamma c(s) \tag{4-2b}$$

式(4-2a)、(4-2b)中 x^{A} 和 x^{B} 分别为本国厂商 A 和外国厂商 B 在本国市场上的销售量。由于我们没有把本国厂商和外国厂商在国外市场的销售纳入考虑范围，因此，$x^{A}+x^{B}=x^{d}$。通过对式(4-2a)和式(4-2b)分别求导可得本国厂商 A

和外国厂商B利润最大化的一阶条件：

$$\partial\pi^{A}/\partial x^{A}=(b-2x^{A}-x^{B})s-c(s)=0 \tag{4-3a}$$

$$\partial\pi^{B}/\partial x^{B}=(b-x^{A}-2x^{B})s-\eta\gamma c(s)=0 \tag{4-3a}$$

式(4-3a)和式(4-3b)反映的是在本国厂商A和外国厂商B利润最大化条件下x^{A}和x^{B}的函数关系。进一步地，我们考察这两式的二阶导数情况可知：$\partial^{2}\pi^{A}/\partial x^{A2}=-2s<0$，$\partial^{2}\pi^{B}/\partial x^{B2}=-2s<0$，所以式(4-3a)和式(4-3b)的二阶条件也得到了满足。因此，式(4-3a)和式(4-3b)就是两国厂商的反应函数$x^{A}(x^{B})$和$x^{B}(x^{A})$，这两条曲线的交点共同决定了本国厂商A和外国厂商B在均衡时的销售量x^{A}和x^{B}。并且，通过对式(4-3a)和式(4-3b)分别求x^{A}和x^{B}的偏导可知$\partial^{2}\pi^{A}/\partial x^{A}\partial x^{B}=-s<0$，$\partial^{2}\pi^{B}/\partial x^{B}\partial x^{A}=-s<0$，因此，在本国市场上，本国厂商A和外国厂商B的古诺竞争均衡是稳定的。

第三节　食品安全标准进口贸易效应的形成机理

一、食品安全标准的进口贸易促进与抑制效应

从上述基本理论模型可知，本国该种产品的进口量即为外国厂商在本国市场的销售量x^{B}。这里我们将在上一节理论模型的基础上来探讨食品安全标准的变化对进口贸易的影响。通过式(4-3a)和式(4-3b)可以推导本国厂商A和外国厂商B在本国市场上的销售量分别为：

$$x^{A}=\frac{b}{3}+\frac{(\eta\gamma-2)c(s)}{3s} \tag{4-4a}$$

$$x^{B}=\frac{b}{3}+\frac{(1-2\eta\gamma)c(s)}{3s} \tag{4-4b}$$

通过对式(4-4a)和式(4-4b)求和可得本国市场总销售量为：

$$x^{d}=x^{A}+x^{B}=\frac{2b}{3}-\frac{(\eta\gamma+1)c(s)}{3s} \tag{4-4c}$$

将式(4-4a)、式(4-4b)及式(4-4c)三式分别对s求导可得：

$$\frac{dx^{A}}{ds}=\frac{(\eta\gamma-2)}{3s}\cdot\left[c'(s)-\frac{c(s)}{s}\right] \tag{4-5a}$$

$$\frac{dx^{B}}{ds}=\frac{(1-2\eta\gamma)}{3s}\cdot\left[c'(s)-\frac{c(s)}{s}\right] \tag{4-5b}$$

$$\frac{dx^{d}}{ds}=\frac{-(\eta\gamma+1)}{3s}\cdot\left[c'(s)-\frac{c(s)}{s}\right] \tag{4-5c}$$

由模型的基本假设可知，$c(0)=c'(0)=0$和$c''(\cdot)>0$，因此，$c'(s)-c(s)/s>0$。由式(4-5c)可得$dx^{d}/ds<0$，即食品安全标准的调整变化会导致本

国市场总需求的减少。由式(4-5a)和式(4-5b)可知,食品安全标准的调整变化导致本国市场总需求的减少量如何在本国厂商 A 和外国厂商 B 之间分配则取决于 η 与 γ 乘积的大小。就食品安全标准对进口量的影响而言,如果 $0<\eta\gamma<1/2$,则 $\mathrm{d}x^{\mathrm{B}}/\mathrm{d}s>0$,也就是说,外国厂商在本国食品安全标准调整后如果其生产成本与交易成本足够低的话,那么本国食品安全标准的调整将会导致进口量的增加。相反,如果 $\eta\gamma>1/2$,即外国厂商的生产成本与交易成本乘积的优势不明显,则 $\mathrm{d}x^{\mathrm{B}}/\mathrm{d}s<0$,也即本国食品安全标准的调整将抑制该产品的进口量。

二、食品安全标准的进口贸易壁垒效应

Fisher & Serra(2000)等认为,随着关税和配额等传统贸易壁垒的作用日益下降,技术标准作为技术性贸易壁垒的一种主要政策工具越来越受到各方的关注[98]。众所周知,贸易保护政策是指政府通过利用各种政策工具对进口、经营领域与范围进行限制,保护本国的产品和服务在本国市场上免受外国产品和服务的竞争。因此,其根本目标并不仅仅是限制国外产品及服务的进口,而是促使本国厂商在与国外厂商的国际竞争博弈中获得更多的利益。这里我们尝试分析食品安全标准的进口壁垒效应机理。为了进一步简化分析,我们令 $\eta\gamma>1$,其含义是指相对于外国厂商 B 而言,本国厂商 A 的生产成本与交易成本的乘积更低。生产成本反映的是两国厂商为遵循本国食品安全标准而存在的技术差异,对于厂商 A、B 而言,技术先进的厂商具有优势;而交易成本则反映的是两国厂商为遵循本国食品安全标准而存在的制度差异,对此本国厂商 A 具有先天优势。在此基础上,我们来分析本国技术标准的调整变化对于本国厂商 A 和外国厂商 B 的销售量与利润的影响。

在 $\eta\gamma>1$ 的前提下,由式(4-5b)可知 $\mathrm{d}x^{\mathrm{B}}/\mathrm{d}s<0$,即本国政府调整食品安全标准将导致外国厂商 B 在本国市场上销售量的减少。但是本国厂商 A 的销售量则取决于 $\eta\gamma-2$ 的大小。由式(4-5a)可知,如果 $1<\eta\gamma\leqslant 2$,则 $\mathrm{d}x^{\mathrm{A}}/\mathrm{d}s<0$,即本国厂商 A 的销售量也将减少;反之,如果 $\eta\gamma>2$,则本国厂商 A 的销售量将增加。

通过对式(4-2a)求关于 s 的导数,并结合式(4-4a)、式(4-5a),可以得到本国厂商 A 的利润与食品安全标准变化的关系:

$$\frac{\mathrm{d}\pi^{\mathrm{A}}}{\mathrm{d}s}=[(b-2x^{\mathrm{A}}-x^{\mathrm{B}})s-c(s)]\frac{\mathrm{d}x^{\mathrm{A}}}{\mathrm{d}s}+(b-x^{\mathrm{d}})x^{\mathrm{A}}-sx^{\mathrm{A}}\frac{\mathrm{d}x^{\mathrm{B}}}{\mathrm{d}s}-c'(s)x^{\mathrm{A}}$$

$$=\left\{\frac{b}{3}+\frac{\eta\gamma-2}{3}\cdot\left[(2c'(s)-\frac{c(s)}{s}\right]\right\}x^{\mathrm{A}} \tag{4-6a}$$

当 $1<\eta\gamma\leqslant 2$ 时,由于 $c(0)=c'(0)=0$ 和 $c''(\cdot)>0$,因此,$c'(s)-c(s)/s>0$。

由式(4-6a)可知，当 s 趋近于 0 时，$d\pi^A/ds>0$。结合前面对厂商 A 的销售量的分析可知，当 $1<\eta\gamma\leqslant 2$ 时，虽然 $dx^A/ds<0$，但 $d\pi^A/ds>0$ 在 s 较小时仍然可以大于 0。其原因是什么呢？我们再来进一步考察此时的价格因素。通过对价格 p 求 s 的导数可得 $dp/ds=[b+(\eta\gamma+1)c(s)]/3$，当 s 趋近于 0 时，$dp/ds>c'(s)$。由此可知，虽然食品安全标准的变化导致了销量的下降，但是本国厂商 A 的销售价格却提高了，因此，其获利水平在短期内可能提升。但是，由于 $\lim\limits_{s\to\infty}c'(s)=\infty$，$\lim\limits_{s\to\infty}c(s)=\infty$，由式(4-6a)可以知道，随着 s 调整幅度的不断变大，$d\pi^A/ds$ 将会越来越小，并最终变为负值。令 s_A 为 $b/3+[(\eta\gamma-2)/3]\cdot[(2c'(s)-c(s)/s]=0$ 时的食品安全标准，即 $2c'(s_A)-c(s_A)/s_A=b/(2-\eta\gamma)$。当 $s>s_A$ 时，$d\pi^A/ds>0$。因此，s_A 为本国厂商利润最大化的食品安全标准。

当 $\eta\gamma>2$ 时，由式(4-6a)可知，$d\pi^A/ds>0$，即本国政府调整食品安全标准导致本国厂商利润增加。在此情况下，食品安全标准调整程度越大，本国厂商的获利也越大，但是，使得本国厂商利润最大化的食品安全标准是不存在的。

同理可得，通过对式(4-2b)求关于 s 的导数，并结合式(4-4b)、式(4-5b)，可以得到外国厂商 B 的利润与食品安全标准变化的关系：

$$\frac{d\pi^B}{ds}=[(b-2x^B-x^A)s-c(s)]\frac{dx^B}{ds}+(b-x^d)x^B-sx^B\frac{dx^A}{ds}-\eta\gamma c'(s)x^B$$

$$=\left\{\frac{b}{3}+\frac{2\eta\gamma-1}{3}\cdot\left[(2c'(s)-\frac{c(s)}{s}\right]\right\}x^B \tag{4-6b}$$

同理，当 s 趋近于 0 时，食品安全标准的调整变化使得外国厂商 B 的销售量下降的同时使得其利润上升的原因与本国厂商 A 的情况是一样的，即销售量的降低导致了价格水平的提升，而价格水平的上升速度快于生产成本与交易成本上升的速度。令 s_B 为 $b/3+[(2\eta\gamma-1)/3]\cdot[(2c'(s)-c(s)/s]=0$ 时的食品安全标准，即 $2c'(s_B)-c(s_B)/s_B=b/(2\eta\gamma-1)$。和本国厂商不同的是，当 $s>s_B$ 时，无论 $\eta\gamma$ 是否大于 2，食品安全标准的调整变化都会导致外国厂商利润的减少，即 $d\pi^B/ds<0$。因此，s_B 为本国厂商利润最大化的食品安全标准。

综上所述，本国政府调整食品安全标准能否对外国厂商起到贸易壁垒作用，取决于食品安全标准中所集成的“技术”与“制度”因素的强弱。如果两个厂商的生产成本与交易成本相对于食品安全标准而言，其差距比较小，即 $1<\eta\gamma\leqslant 2$，本国政府调整食品安全标准将导致本国厂商 A 和外国厂商 B 的销售量同时下降，进一步而言，若此时的调整幅度比较小，由于价格机制的作用，两国厂商的利润反而会有所提升，但是若调整的幅度比较大时，两国厂商的利润将会有所下降。如果两个厂商的生产成本与交易成本相对于食品安全标准而言，其差距比较大，即 $\eta\gamma>2$，那么本国政府调整食品安全标准将导致外国厂商 B 销售量的下降，其利润则先升后降;而本国厂商 A 的销售量和利润都可以持续增加。可见,本国政府通过调整食品安全标准中的“技术”与“制度”因素可以作为保护本国厂商制造进口贸易壁垒的政策工具。

三、食品安全标准的进口贸易转移效应

通过上述分析可知,进口国食品安全标准的调整变化,在本国厂商 A 和外国厂商 B 之间通过对销售量及利润的影响来产生进口贸易效应,其分析是在两国模型的基础上进行的。而事实上,进口国常常是与多个出口国就某种产品进行国际贸易活动,因而进口国食品安全标准的调整变化还可能导致进口贸易量在国家间的转移。因此,为了揭示食品安全标准进口贸易转移效应的内在机理,我们对基本模型进行扩展,来进行进一步分析。为了分析的简便,我们在原模型的基础上增加一个出口国厂商 C,并假定厂商 C 的生产成本与交易成本介于厂商 A 与厂商 B 之间。按照原模型思路,厂商 C 生产一单位该种产品所花费的成本为 $\lambda\rho c(s)$,其中 $1/\eta\gamma<\lambda\rho<1$ 或 $1<\lambda\rho<1/\eta\gamma$。在三寡头市场上,厂商 A、B、C 的利润函数分别为:

$$\pi^A = [p - c(s)]x^A \tag{4-7a}$$

$$\pi^B = [p - \eta\gamma c(s)]x^B \tag{4-7b}$$

$$\pi^C = [p - \lambda\rho c(s)]x^C \tag{4-7c}$$

上式中 x^A、x^B、x^B 分别表示厂商 A、B、C 在本国市场上的销售量。由于我们没有把厂商 A、B、C 在国外市场的销售纳入考虑范围,因此,$x^A + x^B + x^C = x^d$。通过对式(4-7a)、式(4-7b)、式(4-7c)分别求导可得厂商 A、B、C 利润最大化的一阶条件:

$$\partial\pi^A/\partial x^A = (b - x^B - x^C - 2x^A)s - c(s) = 0 \tag{4-8a}$$

$$\partial\pi^B/\partial \mathrm{x}^B = (\mathrm{b} - \mathrm{x}^A - \mathrm{x}^C - 2\mathrm{x}^B)\mathrm{s} - \eta\gamma \mathrm{c}(\mathrm{s}) = 0 \tag{4-8b}$$

$$\partial\pi^C/\partial x^C = (b - x^A - x^B - 2x^C)s - \lambda\rho c(s) = 0 \tag{4-8c}$$

进一步对式(4-7a)、式(4-7b)、式(4-7c)分别求二阶导数及二阶偏导数考察厂商 A、B、C 利润最大化的二阶条件:

$$\partial^2\pi^A/\partial x^{A2} = \partial^2\pi^B/\partial x^{B2} = \partial^2\pi^B/\partial x^{B2} = -2s < 0$$

$$\begin{aligned}\partial^2\pi^A/\partial x^A\partial x^B &= \partial^2\pi^A/\partial x^A\partial x^C = \partial^2\pi^B/\partial x^B\partial x^A = \partial^2\pi^B/\partial x^B\partial x^C \\ &= \partial^2\pi^C/\partial x^B\partial x^A = \partial^2\pi^C/\partial x^C\partial x^A = -s < 0\end{aligned}$$

从上式可知,厂商 A、B、C 利润最大化的二阶条件是满足的。因此,式(4-8a)、式(4-8b)、式(4-8c)分别就是三国厂商 A、B、C 的反应函数 $x^A(x^B, x^C)$、$x^B(x^A, x^C)$ 和 $x^C(x^A, x^B)$。同时上式也反映了三国竞争模型的稳定性。通过三国厂商 A、B、C 的反应函数 $x^A(x^B, x^C)$、$x^B(x^A, x^C)$ 和 $x^C(x^A, x^B)$ 确定的销售量

x^{A}、x^{B} 及 x^{C} 分别为：

$$x^{\mathrm{A}}=\frac{b}{4}+\frac{(\eta\gamma+\lambda\rho-3)c(s)}{4s} \tag{4-9a}$$

$$x^{\mathrm{B}}=\frac{b}{4}+\frac{(1-3\eta\gamma+\lambda\rho)c(s)}{4s} \tag{4-9b}$$

$$x^{\mathrm{C}}=\frac{b}{4}+\frac{(1+\eta\gamma-3\lambda\rho)c(s)}{4s} \tag{4-9c}$$

进而，对式(4-9a)、式(4-9b)、式(4-9c)分别求 s 的导数可得：

$$\frac{\mathrm{d}x^{\mathrm{A}}}{\mathrm{d}s}=\frac{\eta\gamma+\lambda\rho-3}{4s}\cdot\left[c'(s)-\frac{c(s)}{s}\right] \tag{4-10a}$$

$$\frac{\mathrm{d}x^{\mathrm{B}}}{\mathrm{d}s}=\frac{1-3\eta\gamma+\lambda\rho}{4s}\cdot\left[c'(s)-\frac{c(s)}{s}\right] \tag{4-10b}$$

$$\frac{\mathrm{d}x^{\mathrm{C}}}{\mathrm{d}s}=\frac{1+\eta\gamma-3\lambda\rho}{4s}\cdot\left[c'(s)-\frac{c(s)}{s}\right] \tag{4-10c}$$

类似地，本国政府调整食品安全标准对厂商 A、B、C 销售量的影响取决于他们之间的生产成本与交易成本的差距。为了进一步简化分析，对于 $\eta\gamma<\lambda\rho<1$ 或 $1<\lambda\rho<\eta\gamma$ 这一对称假定，我们仅探讨 $1<\lambda\rho<\eta\gamma$ 一种情形。若 $1<\lambda\rho<\eta\gamma$，当 $\eta\gamma>2$ 时，有 $\mathrm{d}x^{\mathrm{A}}/\mathrm{d}s>0$ 和 $\mathrm{d}x^{\mathrm{B}}/\mathrm{d}s<0$，即进口国政府调整食品安全标准会导致本国厂商 A 的销售量提高和外国厂商 B 的销售量降低。这与前面的分析结论完全一致。但是对于厂商 C 来说，在 $1<\lambda\rho<\eta\gamma$，$\eta\gamma>2$ 的条件下，$\mathrm{d}x^{\mathrm{C}}/\mathrm{d}s$ 的正负性还无法直接确定。结合式(4-10c)进一步分析可得：当 $(1+\eta\gamma)/3<\lambda\rho<\eta\gamma$ 时，$\mathrm{d}x^{\mathrm{C}}/\mathrm{d}s<0$，即进口国食品安全标准的调整导致了厂商 C 在本国销售量的减少；当 $1<\lambda\rho<(1+\eta\gamma)/3$ 时，$\mathrm{d}x^{\mathrm{C}}/\mathrm{d}s>0$，即进口国食品安全标准的调整导致了厂商 C 在本国销售量的增加；当 $\lambda\rho=(1+\eta\gamma)/3$ 时，$\mathrm{d}x^{\mathrm{C}}/\mathrm{d}s=0$，即进口国食品安全标准的调整对厂商 C 在本国的销售量没有影响。考虑到厂商 C 的生产成本和交易成本的乘积介于本国厂商 A 与厂商 B 之间，根据前面的分析，如果没有厂商 B 的存在，则进口国食品安全标准的调整变化将导致厂商 C 出口量的减少。然而，由于厂商 B 的存在，进口国食品安全标准的调整变化却在 $1<\lambda\rho<(1+\eta\gamma)/3$的情况下导致了厂商 C 出口量的增加。因此，可以认为厂商 C 出口的增加是由于进口国食品安全标准的调整变化导致了进口国从厂商 B 的部分进口转移到了厂商 C。

通过对式(4-7a)、式(4-7b)、式(4-7c)求关于 s 的导数，并结合式(4-9a)、式(4-9b)、式(4-9c)及式(4-10a)、式(4-10b)、式(4-10c)，可以得到厂商 A、厂商 B 及厂商 C 的利润与食品安全标准变化的关系：

$$\frac{d\pi^A}{ds}=[(b-2x^A-x^B-x^C)s-c(s)]\frac{dx^A}{ds}+(b-x^d)x^A-sx^A\left(\frac{dx^B}{ds}+\frac{dx^C}{ds}\right)-c'(s)x^A=\left\{\frac{b}{4}+\frac{\eta\gamma+2\lambda\rho-3}{4}\cdot\left[(2c'(s)-\frac{c(s)}{s}\right]\right\}x^A \tag{4-11a}$$

$$\frac{d\pi^B}{ds}=[(b-2x^B-x^A-x^C)s-c(s)]\frac{dx^B}{ds}+(b-x^d)x^B-sx^B\left(\frac{dx^A}{ds}+\frac{dx^C}{ds}\right)-c'(s)x^B=\left\{\frac{b}{4}+\frac{1+\lambda\rho-3\eta\gamma}{4}\cdot\left[(2c'(s)-\frac{c(s)}{s}\right]\right\}x^B \tag{4-11b}$$

$$\frac{d\pi^C}{ds}=[(b-2x^C-x^A-x^B)s-c(s)]\frac{dx^C}{ds}+(b-x^d)x^C-sx^C\left(\frac{dx^A}{ds}+\frac{dx^B}{ds}\right)-c'(s)x^C=\left\{\frac{b}{4}+\frac{1+\eta\gamma-3\lambda\rho}{4}\cdot\left[(2c'(s)-\frac{c(s)}{s}\right]\right\}x^C \tag{4-11c}$$

由式(4-11a)可知，当 $1<\lambda\rho<\eta\gamma$，$\eta\gamma>2$ 时，$d\pi^A/ds>0$，即食品安全标准的调整导致本国厂商 A 的利润增加。对于厂商 B，当 $1<\lambda\rho<\eta\gamma$，$\eta\gamma>2$ 时，$d\pi^B/ds<0$，即食品安全标准的调整导致厂商 B 的利润降低。对于厂商 C，当 $(1+\eta\gamma)/3<\lambda\rho<\eta\gamma$ 时，$d\pi^C/ds<0$，即进口国食品安全标准的调整导致了厂商 C 利润的减少；当 $1<\lambda\rho<(1+\eta\gamma)/3$ 时，$d\pi^C/ds>0$，即进口国食品安全标准的调整导致了厂商 C 利润的增加。因此，可以认为厂商 C 出口利润的增加是从厂商 B 转移而来的。

从上述分析中可以得出这样的结论，即当出口国之间的生产成本与交易成本相对于进口国食品安全标准所集成的技术与制度存在不相等的差异时，进口国通过对食品安全标准进行调整，将改变进口国之间的遵循成本，从而使得出口国之间原来的销售与利润均衡发生改变，最终将导致进口国的进口贸易量从遵循成本较高的出口国部分地转移到遵循成本较低的出口国，这也就是食品安全标准的进口贸易转移效应。

第四节　本章小结

本章我们对食品安全标准进口贸易效应进行了理论研究。研究认为：① 食品安全标准对粮食产业的发展机制、产业组织及竞争环境具有重要影响，与粮食市场要素具有重要的关联关系，对粮食市场的运作具有基础性作用。② 食品安全标准影响粮食国际贸易主要是通过遵循成本、质量信号显示、交易语言及制度门槛等方式来实现。③ 食品安全标准进口贸易效应的形成机理包括三个方面，一是进口国食品安全标准的调整变化通过对出口厂商遵循成本的影响直接对进口贸易产生促进与抑制效应；二是在国内厂商的生产成本与交易成本的乘积与国外厂商相比更具优势的前提下，食品安全标准的调整变化将会产生进口贸易壁垒效应；三是当出口厂商之间存在遵循成本差异时，进口国食品安全标准的调整变化将导致进口贸易量从遵循成本较高的厂商向遵循成本较低的厂商部分转移，即食品安全标准的进口贸易转移效应。④ 通过本章研究我们认为，食品安全标准与进口贸易量之间不是简单的促进或抑制的线性关系，它们之间更可能是“U”形、倒“U”形或“N”形、倒“N”形关系。

第五章　食品安全标准对粮食进口贸易效应的实证分析

本章从实证的角度来研究我国食品安全标准对粮食进口的贸易效应，分析二者的数量关系。本章研究的基本思路为：首先，在实证分析之前，对我国食品安全标准进行测算，获取核心解释变量数据；其次，从总量的角度构建时间序列计量模型，定量分析食品安全标准对粮食进口贸易的总体效应；然后，从各粮食品种的角度构建面板数据模型，定量分析食品安全标准对各粮食品种的进口贸易效应；最后在此基础上对我国食品安全标准与粮食进口量的数量关系作出具体的判断，得出研究结论。

第一节　食品安全标准的测算

对食品安全标准的测算是本书进行实证研究所要解决的一个关键问题。目前理论界对技术标准的测算工具并不统一，量化的数据也比较难以获得，这已经成为了技术标准实证研究的一个重要障碍。食品安全标准与兼容性与接口标准、信息和测试标准及品种简化标准不同，从本质上来说它属于最低限度质量和安全标准这一类。这是在对其进行量化测算时必须注意的重要方面。

一、技术标准测算方法的类型及其应用

通过对技术标准相关的实证文献的考察可知，技术标准的测算方法主要包括关税转换法、标准数量法、标准水平法及虚拟变量法四种。

（一）关税转换

一些学者认为随着 WTO 对关税和传统的非关税贸易壁垒的大幅度削减，技术标准已经由“贸易语言”转变成为了“贸易壁垒”，他们指出，标准与法规、合格评定程序已经成为了现代技术性贸易壁垒的主要形式（Deardorff & Stern，1998；鲍晓华，2010 等）[198-199]。作为贸易壁垒的技术标准是指一国政府或非政府组织借维护国家经济安全、人类及动植物安全和健康、环境保护等为名，以强制性或推荐性技术标准为工具来限制产品进口，实施贸易保护。在此思路下，一

些学者引入传统的非关税贸易壁垒量化方法，试图通过价格楔入法将技术标准的壁垒效应转换为等同的关税。该方法的理论基础是，技术标准的关税等价可以通过比较进口产品的价格与国内市场可比商品的价格差计算得出。假如某一商品进口商支付给出口商的价格保持不变，那么在理论上就可以计算出没有技术标准时和有技术标准时的价格差，这个价格差就可以作为技术标准的量化指标(Deardorff & Stern，1998)[198]。但是，在现实中没有技术标准时的价格是很难观测到的，因此，退而求其次的现实做法就是比较进口国的国内价格与世界平均价。例如，Bradford(2003)在控制运输、关税等成本后，计算了进口国的国内零售价与进口价之差，从而得出了日本、美国及欧洲等国家、地区一系列产品标准的关税等价[200]。

技术标准的关税转换可以捕捉有关产品市场和各国贸易政策的相关信息，而且其测量的对象基于产品或产业层面之上(Beghin & Bureau，2001)[201]，从某种程度上自动剔除了标准存在的巨大行业差异。因此，其在中观层面和微观层面的实证研究中具有较强的应用价值。但是，其不足也非常明显：第一，存在先验假定。技术标准到底是国际贸易的“语言”还是国际贸易的“壁垒”，这在学术界无论是理论上还是实证上都还存在很大的分歧。而标准的关税转换是在假定“标准是贸易的壁垒”这一前提下来进行计算的，从现有的相关文献来看，他们得到的关税等价基本都为正值，这可能就与其先验假定有关。第二，抹杀了产品差异。运用该方法来计算关税等价是将进口产品与国内产品当作完全替代品的。然而，如果进口产品的市场份额特别小，则价格差中的很大一部分可能是由于跨国的供给而产生的；如果进口产品与国内产品存在较大的差异，则价格差中的很大一部分可能是由于需求弹性的差异而导致的。

（二）标准数量

标准的数量是指一国政府或标准化组织所发布的标准文件存量在时间上的累积。这是当前关于技术标准实证研究中使用最多的一种量化方法。如Swann et al.(1996)在研究英国和德国的技术标准对国际贸易的影响时就采用的是此测算方法[129]。Moenius(2004)使用具体行业的限制性技术标准数量来代表标准的严格程度，他以一国的技术法规数量来衡量单方面的国家标准，以两个国家覆盖同一产业目录国际标准数量来衡量双边共享标准，并在此基础上实证分析单一国际标准及双边共享标准的国际贸易效应[160]。Czubala et al.(2007)通过把和ISO相一致的欧盟标准及不一致的欧盟标准统一纳入一个自行构建的欧盟纺织品技术标准数据库，用标准的年度存量数据来分析欧盟标准对非洲纺织品出口的影响[202]。在食品安全标准方面，Schlueter et al.(2009)在研究卫生和动植物检疫措施(SPS)对猪肉贸易的影响以及Jayasinghe et al.

(2009)研究美国玉米种子对外贸易的各类具体影响因素时，都是用食品安全标准的存量数据来衡量SPS措施[203-204]。

使用标准文件数量来衡量技术标准本身得到较多学者们的采纳可能主要是基于这两个方面的原因：第一，数据获取的便捷性。无论是国际标准、国家标准，还是相关的行业标准，基本上都可以比较方便地从各类公开数据库中获取标准数据。第二，研究对象的宏观性。比如研究一国标准总量对经济增长、贸易流量等宏观变量的影响，即使以标准存量来衡量标准本身存在一定的失真，但这其中的测量误差相对宏观变量总量来说应该会是在可接受的范围之内。但是，从技术标准的类型来看，它包括兼容性与接口标准、品种简化标准、信息和测试标准及最低限度质量和安全标准等几种基本类型，这几种类型标准的影响各不相同，兼容性与接口标准的主要正面影响是形成网络外部性、避免锁定、增加系统产品的种类，其主要负面影响是可能形成垄断；品种简化标准的主要正面影响是产生规模经济、形成聚点和临界容量，其主要负面影响是减少了产品品种、导致市场集中；信息和测试标准的主要正面影响是降低交易成本，其主要负面影响是可能导致管制俘获；最低限度质量和安全标准的主要正面影响是校正逆向选择、降低交易成本及校正负外部性，其主要负面影响是可能导致管制俘获和提高竞争对手的成本(邓洲，2011)[205]。因此，Beghin & Bureau(2001)指出，标准的功能在不同产业及不同产品之间存在较大差异，把它们不加区别地加总来衡量标准的严格程度是不太合理的[201]。

(三) 标准水平

在对最低限度质量和安全标准进行量化时，一些学者直接采用标准水平来度量标准的严格程度。其中使用的最多的就是用最大残留水平(Maximum Residue Level，MRL)作为食品安全标准的量化指标。采用这一方法的核心是找出最低限度质量和安全标准中的某一个在时间跨度上具有明显变化的具体检测指标。例如，Gebrehiwet et al. (2007)研究了美国和欧盟等发达国家的花生、谷物、水果、蔬菜等食品中黄曲霉素最大限量标准对亚洲、非洲等发展中国家出口的影响[206]。Wilson & Otsuki(2001)、Mangelsdorf et al. (2012)分别研究了发达国家的毒死蜱及四环素对发展中国家香蕉和牛肉出口贸易的影响[85,207]。鲍晓华(2011)用农药最大残留水平来度量食品安全标准，分析了进口国食品安全标准对我国谷物出口的贸易效应[10]。姚洪心等(2016)以氟草胺、啶虫脒、活化酯及已唑醇代表欧盟农药最大残留限量标准，并分析了其对我国农产品出口的影响[208]。

运用该方法可以通过某个检查指标值的前后变化简单直观地反映产品质量与安全标准的严格程度，并且在实证研究的基础上还可以方便地进行政策模拟，分析限量水平的变化可能产生的相关政策效应。该方法虽然从某种程度上避免了直接以标准的颁布数量来作为解释变量而产生忽视标准的功能差别的缺陷，但是，其本身的不足也是显而易见的，主要表现在两个方面。第一，运用该方法的一个重要前提是假定某一产品的其他质量与安全标准水平不变。然而，一个产品所涉及的相关质量与安全标准指标少达几十种，多达几百甚至上千种，在当前的实证研究中多是选择其中某一种具体的指标（如黄曲霉素、毒死蜱等）来代表整个标准水平。而且在具体的检测指标选择上存在一定的主观性，研究者很难确定在某一产品所对应的质量与安全标准指标体系选择哪一个或哪几个才是科学合理的。因此，运用该方法就很难避免系统系的回归估计误差。第二，该方法主要应用范围局限于某一具体产品。对于产业层面和宏观层面的研究则明显不合适。

（四）虚拟变量

虚拟变量是计量回归分析中常用的工具之一。在对技术标准经济效应的实证研究中，把技术标准作为一个定性的虚拟变量来引入主要有两种方式。一是简单地把技术标准划分为严格和不严格，进而在模型中引入一个虚拟变量；二是在分析技术标准演化过程的基础上，把技术标准划分为 N 个等级，进而在模型中引入 $N-1$ 个虚拟变量。例如，Cao & Johnson(2006)把技术标准及其相关技术性法规纳入新西兰的风险管理体系中，然后采用了虚拟变量来表征风险管理体系的实施对新西兰肉类产品出口到澳大利亚、加拿大、日本及韩国等 9 个国家是否产生了影响[209]。Disder et al.（2008）对拉美国家热带产品的出口、Karov et al.（2009）对美国水果与蔬菜的进口等研究都采用了虚拟变量来代表技术性法规或食品安全标准的严格程度[210-211]。鲍晓华（2011）在食品安全标准对中国谷物出口的影响研究中，从两个角度来设立虚拟变量，一是对比进出口国之间某项标准指标的有无，然后据此来设立；二是依据进出口国之间某项标准指标水平的相对严格来进行设立[10]。

采用虚拟变量来代表技术标准不但可以从整体反映出质量与安全标准的严格程度，而且针对某个细分产品也可以区分标准的存在与否。并且相对于计量模型而言，虚拟变量的引入至少从总体上减轻了模型由于遗漏变量所导致的估计偏误（鲍晓华，2010）[199]。但是，虚拟变量不能提供技术标准实施程度的准确信息，且在时间点上的划分也有较强的主观性。因此，以其作为解释变量对于技术标准影响效应的估计精度就是一个难易克服的缺陷。

二、食品安全标准测算方法与工具选择

以上关于技术标准测算方法的选择往往取决于技术标准的类型、研究尺度

与范围、数据的可获取性等因素，这也是研究者在精确性与简单化之间平衡的结果。食品安全标准虽然或多或少具备兼容性与接口标准、品种简化标准、信息和测试标准这三类技术标准的一定功能，但从本质上来看应属于最低限度质量和安全标准标准这一标准类型。这是对食品安全标准进行测算的一个最基本依据。

针对食品安全标准本质特征，我们对上述四种测算方法进行了如下的具体讨论。第一，就关税转换法来说，由于其存在先验假设问题，如果没有在理论上确认技术标准的贸易壁垒效应则不宜采用该方法。就本书而言，我们认为食品安全标准对进口贸易的影响既可能起到促进作用，也可能起到抑制作用，因此该方法对本研究是不适合的。第二，就标准数量法来说，它隐含的一个内在要求就是技术标准文件之间没有结构性差异，而从本书对我国食品安全标准演变的过程可以看出，我国以真菌霉素限量、污染物限量和农药残留最低限量为代表的食品安全标准文件从中华人民共和国成立以来在结构上已经发生了巨大变化。以GB 2763—1981 和 GB 2763—2005 的对比为例（见图 5-1），对于 GB 2763—1981，其整个文本仅图 5-1a 中 1 页，测量指标仅为 2 项，而对于 GB 2763—2005，其整个文本包括图 5-1b 封面、图 5-1c 目次、图 5-1d 内容等共计 62 页，其测量指标共有 136 项，是 GB 2763—1981 的 68 倍。如果以标准文件数量来测算的话，这二者同为一个类型的标准文件，在数量上具有等同的效果，但是在内容上二者却差别甚大。因此，以标准文件的存量数据来测算食品安全标准并以其作为回归解释变量将会导致错误的计量结果。第三，就标准水平法来说，其对于食品安全标准不失为一种比较合理的测算方法，但是，该方法应用的一个重要特征就是针对具体产品品种，比如苹果、菠菜、小麦等，这就需要从研究的目的和对象来进一步考察选用该方法的合理性了。第四，就虚拟变量法来说，虽然其对于几乎所有类型的技术标准都适应，但它的典型缺陷就在于不能提供标准实施程度的有效信息，研究的精确度存在明显的缺陷。

从以上分析中可以看出，对于食品安全标准可以采用标准水平法与虚拟变量法这两种方法来进行测算。但是，这两种方法都有其应用的范围和局限性。本书试图探讨食品安全标准对我国粮食进口贸易的影响，而粮食是一个包括很多细分产品的大类产品，每一个细分产品所对应的标准指标是有较大差异的。如果以标准水平来测算将造成指标与对象之间混乱。因此，我们需要研究食品安全标准新的测算方法。

通过对我国食品安全标准演变过程和最新的食品安全标准 GB 2761—2011、GB 2762—2012 、GB 2763—2014 文本的分析，我们将用食品安全检测指标的数量来对食品安全标准进行测算。提出该方法主要是基于这三个方面的原

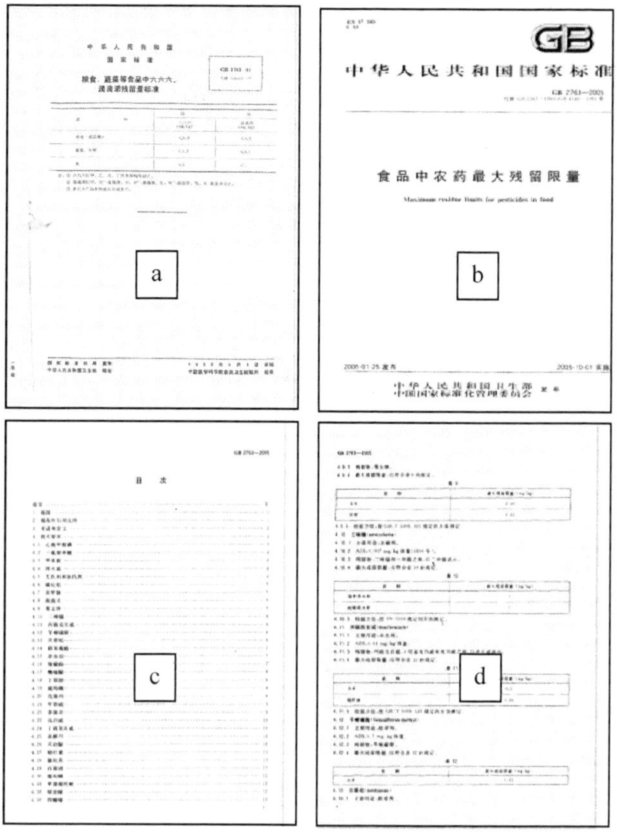

图 5-1　标准文本对比图

因:第一,从我国食品安全标准发展演变的历史来看,其食品安全检测指标经历了一个由少到多的过程,这一信息通过指标数量的变化可以很好地捕捉。第二,通过分析我国历年的食品安全标准水平,发现大多数检测指标的限值水平都是参照 CAC 指标水平而制定的,并且大部分重要安全指标水平具有很强的稳定性。第三,食品安全检测指标既可以对应于粮食大类,又可以对应于粮食细分产品,能够比较好地实现我们的研究目的。

三、中国粮食类食品安全标准的测算

(一) 测算对象

我国食品安全标准可划分为食品安全基础标准、食品中有毒有害物质限量标准、与食品接触材料卫生标准、食品安全管理与控制标准、食品安全检验检测方法标准、食品安全标签标识标准、特定食品产品标准等七大类。根据前文对食品安全标准的界定,我们在实证研究中主要关注食品中有毒有害物质限量标准。食品中有毒有害物质是指食品中天然存在的或者由外界引入的有毒有害因素,其残留直接影响人体健康,是食品安全标准体系中最重要的组成部分。食品中有毒有害物质限量标准主要包括食品中真菌霉素限量标准、农药最大残留限量标准、兽药最大残留限量标准、污染物限量标准、致病菌限量标准、重金属限量标准等。这类标准规定了食品中存在的有毒有害物质可被人体接受的最高水平,其目的是将有毒有害物质限定在安全阈值内,保证食用安全性,最大限度地保障人体健康。就粮食而言,按照《粮食》(GB 2715—2016)的定义,有毒有害物质限量标准主要包括真菌霉素限量标准、农药最大残留限量标准、污染物限量标准等三个具体类型。

真菌霉素是指真菌在生长繁殖过程中产生的次生有毒代谢产物。真菌霉素限量是指真菌霉素在粮食原料和粮食成品中允许的最大含量水平。食品安全国家标准 GB 2761—2011《食品中真菌霉素限量》涉及粮食指标有黄曲霉素 B1、脱氧雪腐镰刀菌烯醇、赭曲霉素 A 及玉米赤霉烯酮四项。农药残留物是指任何由于使用农药而在农产品及食品中出现的特定物质,包括被认为具有毒理学意义的农药衍生物,如农药转化物、代谢物、反应产物以及杂质等。农药残留物浓度超过了一定量就会对人、畜、环境产生不良影响或通过食物链对生态系统造成危害。为了保证合理使用农药,控制污染,保障公众身体健康,需制定允许农药残留于作物及食品上的最大限量标准。目前国际上通常用最大残留限量(MRLs)值来表示允许农药残留物浓度。最大残留限量是指在生产或保护商品过程中,按照农药使用的良好农业规范(GAP)使用农药后,允许农药在各种农产品及食品中或其表面残留的最大浓度,单位为 mg/kg。食品安全国家标准 GB 2763—2014《食品中农药最大残留限量》涉及粮食指标有 232 项。食品污染物是指食品在生产、加工、包装、储存、运输、销售,直到食用过程由环境污染物所导致产生的非有意加入食品中的物质。这些物质包括除农药、兽药和真菌霉素以外的污染物。食品污染物限量标准作为判定食品是否安全的重要科学依据,对保障人体健康具有极其重要的作用(钱和等,2016)[35]。我国最新的食品安全国家标准 GB 2762—2012《食品中污染物限量》涉及粮食指标有 7 项。

(二)测算程序

根据上述提出的测量方法和我国食品安全标准发展的历史与现状,我们对中国粮食类食品安全标准的测量按以下程序进行。

第一步:根据食品安全国家标准《粮食》(GB 2715—2016)中提出的技术要求,污染物限量应符合 GB 2762 的规定,其中原粮类粮食应分别符合 GB 2762 中对谷物、豆类、薯类的规定,成品粮类粮食应分别符合 GB 2762 中对谷物碾磨加工品、豆类、干制薯类的规定。真菌毒素限量应符合 GB 2761 的规定,其中原粮类粮食应分别符合 GB 2761 中对谷物、豆类、薯类的规定，成品粮类粮食应分别符合 GB 2761 中对谷物碾磨加工品、豆类、干制薯类的规定。农药残留量应符合 GB 2763 的规定。因此，我们确定以 2016 年 6 月 30 日前有效的食品安全国家标准中的《食品中农药最大残留限量》(GB 2763—2014)、《食品中污染物限量》(GB 2762—2012)、《食品中真菌霉素限量》(GB 2761—2011)作为中国粮食类食品安全标准的测量对象。

第二步：以食品安全国家标准 GB 2763—2014、GB 2762—2012、GB 2761—2011 三个标准为基础和线索，向上追溯具有替代关系的所有标准，在时间上从 2015 年向上追溯至 1992 年(追溯至 1992 年的原因是为了与后面要进行的实证研究的时间区间保持一致)。GB 2763—2014、GB 2762—2012、GB 2761—2011 三个标准的历年变更情况见表 5-1。

表 5-1　中国粮食类食品安全国家标准历年变更情况

年度	农药最大残留限量	污染物限量	真菌霉素限量
1992	GB 2763—81、GB 5172—85	GBn 238—84、GB 2762—1981、GB 4810—84、GB 7104—86、GB 13107—91、GB 13105—91	GB 2761—81、GB 2715—81
1994	GB 4788—94、GB 14868—74—94、GB 14982.1—12—94、GB 14969—72—94、GB 15194—94、GB 15195—94	GB 15202—1994、GB 14935—1994、GB 15201—1994、GB 2762—1994、GB 4810—94、GB 14961—1994、GB 7104—94、GB 15198—94	
1996	GB 16319—1996、GB 16320—1996、GB 16323—1996、GB 16333—1996		GB 16329—96
1998	GB 5172—1998		
2003		GB 15202—2003	
2005	GB 2763—2005	GB 2762—2005	GB 2761—2005、GB 2715—2005
2008	GB 2763—2005(1 号修改单)		
2010	GB 25193—2010、GB 26130—2010		
2011	GB 28260—2011		GB 2761—2011
2012	GB 2763—2012	GB 2762—2012	
2014	GB 2763—2014		

数据来源：根据我国历年食品安全国家标准统计所得。

第三步：找到存在替代关系的每一种具体食品安全国家标准的文本，然后按照年度统计出每一年现存有效的标准文件。

第四步：以检测指标为测算工具，对每一年现存有效的标准文件进行统计。此时，按照两种方法进行具体统计，一是若某项检测指标有针对粮食类食品存在具体技术要求，则计 1 项，此为针对总体层面的统计；二是若某项检测指标有针对粮食类食品的某一特定产品存在具体技术要求，则计 1 项，此为针对产品层面的统计。比如，以食品中农药最大残留限量标准 GB 2763—2014 中的植物生长调节剂矮壮素为例，其对粮食类食品中的小麦、大麦、燕麦、黑麦、小黑麦、玉米、黑麦粉、黑麦全麦粉均存在具体的技术要求，则作为粮食类食品整体计 1 项，总类下的 8 个特定产品则分别计 1 项，而其他的产品如大米、高粱等则计 0 项。

另外，需要说明的是由于粮食类食品类别的划分各年度的技术标准中存在不一致情况，为了避免这种分类差异对测量结果的影响，在本书中，我们主要参考 GB 2763—2014 中资料性附录 A 的划分标准为依据，具体分类见表 5-2。

表 5-2　中国粮食类食品分类

类别	具体产品
稻类	稻谷
麦类	小麦、大麦、燕麦、黑麦、小黑麦
旱粮类	玉米、高粱、粟、稷、薏仁、荞麦
杂粮类	绿豆、豌豆、赤豆、小扁豆、鹰嘴豆
成品粮	大米粉、小麦粉、全麦粉、玉米糁、玉米粉、高粱米、大麦粉、荞麦粉、莜麦粉、甘薯粉、高粱粉、黑麦粉、黑麦全粉、大米、糙米、麦胚

数据来源：根据我国食品安全国家标准 GB 2763—2014 整理所得。

（三）测算结果及分析

由于目前尚无相关的数据库可以直接提供基于检测指标的数据检索资料，这就需要我们通过多种途径去收集，本书通过食品伙伴网下载、标准购买等方式获取了与粮食有关的所有的“食品安全国家标准”。按照上述测量方法和具体步骤，经过 1 年多时间的整理计算，1992 年至 2015 年我国粮食类食品安全标准的测量结果如表 5-3 所示。

表 5-3　中国粮食类食品安全国家标准测量结果　　单位:项

年度	农药最大残留限量指标	污染物限量指标	真菌霉素限量指标	合计
1992	6	6	3	15
1993	6	6	3	15
1994	43	10	3	56
1995	43	10	3	56
1996	58	10	3	71
1997	58	10	3	71
1998	58	10	3	71
1999	58	10	3	71
2000	58	10	3	71
2001	58	10	3	71
2002	58	10	3	71
2003	58	10	3	71
2004	58	10	3	71
2005	87	11	3	101
2006	87	11	3	101
2007	87	11	3	101
2008	88	11	3	102
2009	88	11	3	102
2010	105	11	3	119
2011	132	11	4	147
2012	180	7	4	191
2013	180	7	4	191
2014	232	7	4	243
2015	232	7	4	243

数据来源:根据我国食品安全国家标准 GB 2763—2014、GB 2762—2012、GB 2761—2011 等标准计算整理所得。

从表 5-3 并结合表 5-1 可知,针对粮食的真菌霉素限量指标从 1992 年至 2015 年基本没有变化,在 2011 年,GB 2761—2011 替代了 GB 2761—2005、GB 2715—2005 时,实现了在真菌霉素标准上的安全标准与卫生标准的整合,针对粮食类食品只增加了赭曲霉毒素 A 一项检测指标。针对粮食的污染物限量指标从 1992 年至 2015 年呈现出先增加后平稳再减少的总体趋势,GB 2762—

2012 部分代替 GB 2762—2005 标准后取消了硒、铝、氟的限量规定；增加了锡、镍、3-氯-1,2-丙二醇及硝酸盐的限量规定；将 *N*-亚硝胺限量指标由 *N*-二甲基亚硝胺和 *N*-二甲基乙硝胺调整为 *N*-二甲基亚硝胺，并将 *N*-亚硝胺限量指标名称修改为 *N*-二甲基亚硝胺；稀土限量指标按原 GB 2762—2005 执行。针对粮食的农药最大残留限量指标从 1992 年至 2015 年呈现出稳步上升趋势，1994 年 GB 4788—94 等一系列标准的颁布使得针对粮食的农残指标从 6 项上升到了 43 项；1996 年 GB 16319—1996 等一系列标准的颁布使得针对粮食的农残指标又从 43 项上升到了 58 项；2005 年 GB 2763—2005 标准对之前的农残指标进行了整合修订，检测指标加速上升到 87 项；2012 年，GB 2763—2012 对 GB 2763—2005 及 GB 25193—2010 等标准进行了替代，针对粮食的农残标准检测指标加速上升到 180 项，至此农残进入了规范化；2014 年，GB 2763—2014 对 GB 2763—2012 进行了替代，针对粮食的农残检测指标加速上升到 232 项。

整体来看，粮食类食品安全标准的年度变化情况如图 5-2 所示。此图我们虽然只测算了粮食类食品安全标准，但是，其反映我国食品安全标准的阶段性特征与 3.1 节是吻合的。即 1994 年之前，在我国食品安全国家标准的起步阶段，标准文件、检测指标数量少而稳定；1994 年至 2012 年前后，在我国食品安全国家标准的发展阶段，标准文件的数量多、检测指标数量相对稳定；2012 年前后至 2014 年，在我国食品安全国家标准的规范阶段，标准文件的数量少、检测指标数量多。

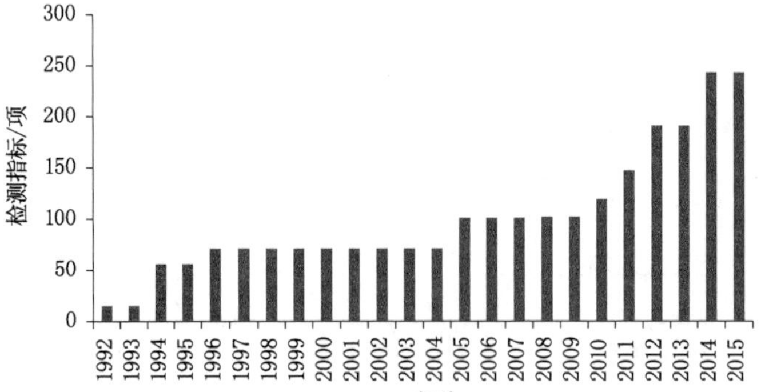

图 5-2　粮食类食品安全标准检测指标年度测算

粮食部分分品种食品安全国家标准测量结果如表 5-4 所示。需要说明的是，对于粮食各具体品种的测算是按照 HS 标准(《商品名称及编码协调制度》，简称 HS)来进行分类的，HS1001 是指小麦及混合麦，在这里我们简称小麦，小麦是三大主粮之一，几乎全作食用；HS1002 是指黑麦，因其在我国供需量极小，故放弃了对这一产品标准的测量；HS1003 是指大麦，大麦麦粒比小麦麦粒更为饱满，主要用作牲畜饲料、制麦芽，精碾或制成珠粒后，用于做汤或烹饪食品；HS1004 是指燕麦，燕麦包括灰(或黑)色燕麦及白(或黄)色燕麦两个主要品种，主要供磨面食用，或作饲料，营养价值很高，在美国《时代》杂志评选的“全球十大健康食物”中位列第五，被认定为功能性食物；HS1005 是指玉米，玉米按颗粒的颜色和形状的差异可以分为多个品种，HS1005 指除了甜玉米之外的所有玉米品种，玉米作为三大主粮之一，是重要的粮食作物和饲料作物，也是全世界总产量最高的农作物；HS1006 是指稻谷、大米，具体包括稻谷、糙米、半精米、全精米、碎米、营养米、半熟米，这里简称稻米，稻米作为三大主粮之一，主要用于食用；HS1007 是指食用高粱，包括喀菲尔高粱、白高粱、棕高粱及中国高粱等可供人作为谷物食用的品种，主要用于食用及酿酒。

表 5-4　中国粮食部分分品种食品安全国家标准测量结果　　单位：项

年度	HS1001 小麦	HS1003 大麦	HS1004 燕麦	HS1005 玉米	HS1006 稻米	HS1007 高粱
1992	15	13	12	14	16	13
1993	15	13	12	14	16	13
1994	44	41	40	42	60	41
1995	44	41	40	42	60	41
1996	52	48	47	51	64	48
1997	52	48	47	51	64	48
1998	52	48	47	51	64	48
1999	52	48	47	51	64	48
2000	52	48	47	51	64	48
2001	52	48	47	51	64	48
2002	52	48	47	51	64	48
2003	52	48	47	51	64	48
2004	52	48	47	51	64	48
2005	56	24	24	43	119	25
2006	56	24	24	43	119	25
2007	56	24	24	43	119	25
2008	57	25	25	43	120	26
2009	57	25	25	43	120	26

表 5-4(续)

年度	HS1001 小麦	HS1003 大麦	HS1004 燕麦	HS1005 玉米	HS1006 稻米	HS1007 高粱
2010	61	25	25	48	132	26
2011	72	27	26	58	150	27
2012	97	36	35	74	159	32
2013	97	36	35	74	159	32
2014	132	67	53	97	188	47
2015	132	67	53	97	188	47

数据来源：根据我国食品安全国家标准 GB 2763—2014、GB 2762—2012、GB 2761—2011 等标准计算整理所得。

从表 5-4 中可以看出，在 1994 年之前，我国主要粮食品种的食品安全标准的检测指标都处于非常少的状态，每个品种均不超过 20 项；从 1994 年至 2004 年这十余年间，粮食各主要品种的食品安全标准的检测指标都出现了比较快速的增长；2005 年，随着整合性标准 GB 2763—2005、GB 2762—2005、GB 2763—2005 的颁布实施，各类粮食品种的安全检测指标开始出现比较大的分化，其主要原因是在 2005 年农药残留最大限量、污染物限量、真菌霉素限量三大标准的修订过程中，对粮食类食品做了比较细的分类，许多检测指标都直接指明了具体的细分品种；从 2011 年开始，随着《食品安全法》的颁布实施，我国食品安全标准开始进入了规范发展阶段，此后，各类粮食品种的安全检测指标开始出现了稳步上升的趋势。

具体来看，各类粮食品种的安全检测指标的走势如图 5-3。从图 5-3 中可以看出各类粮食品种安全检测指标的大趋势与上述分析基本保持一致。然而，对于特定品种而言却存在较大的差异。首先，稻米、小麦、玉米作为我国居民的三大主粮，其安全检测指标一直多于大麦、燕麦和高粱；其次，大麦、燕麦和高粱的安全检测指标在 2005 年有明显的减少，这主要与我国在食品安全标准制定时对产品分类的划分有关，2005 年之前，这三个品种的粮食在大部分安全检测指标中并未单独划分出来；最后，从各品种安全检测指标的总量来看，到 2015 年小麦为 132 项、大麦为 67 项、燕麦为 53 项、玉米为 97 项、大米为 188 项、高粱为 47 项，这与 CAC 标准的差距已经较小，与日本、美国等发达国家相比则差距还较大，这说明我国粮食类食品安全标准还处于发展中。2016 年 12 月颁布实施的 GB 2763—2016 与 GB 2763—2014 相比又增加了 46 项安全检测指标。

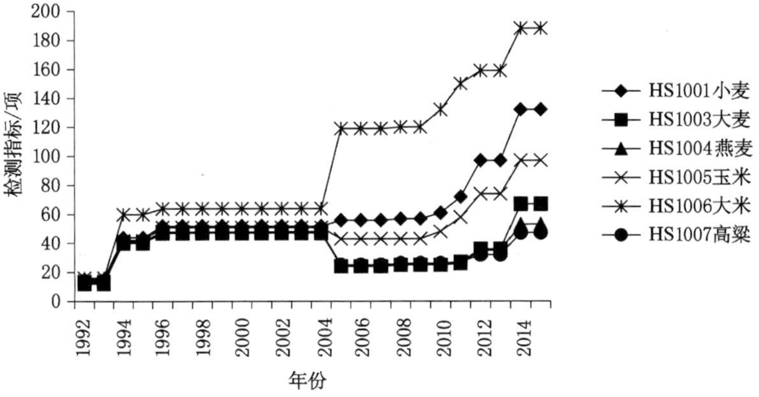

图 5-3　粮食分品种食品安全标准检测指标年度测算

第二节　总体的时间序列数据实证检验

一、模型与变量

在计量模型的控制变量设置上，本书参考 Swan et al.(1996)、Blind(2004)等对技术标准与国际贸易关系的研究成果，解释变量的设置以本书对食品安全标准进口贸易效应形成机理的研究结论为依据，引入解释变量的一次项、二次项及三次项来反映二者可能存在的非线性关系。具体的计量模型如下：

$$im_t = \beta_0 + \beta_1 std_t + \beta_2 std_t^2 + \beta_3 (std_t^3) + \beta_4 cons_t + \beta_5 yie_t + \beta_6 ex_t + \beta_7 dum + \mu_t \tag{5-1}$$

为了减弱数据的波动性，消除序列中可能存在的异方差，提高回归结果的稳定性，除了政策变量 dum 之外，其余变量都进行对数化处理，处理后的计量模型如下：

$$\ln im_t = \beta_0 + \beta_1 \ln std_t + \beta_2 \ln(std_t)^2 + \beta_3 \ln(std_t)^3 + \beta_4 \ln cons_t + \beta_5 \ln yie_t + \beta_6 \ln ex_t + \beta_7 dum + \mu_t \tag{5-2}$$

式(5-2)中，下标 t 表示时间；μ_t 表示随机误差项；im_t 表示我国第 t 期粮食进口总量；std_t、std_t^2 和 std_t^3 分别表示我国第 t 期食品安全国家标准中涉及粮食的检测指标数量的一次项、二次项及三次项；$cons_t$ 表示我国第 t 期粮食国内消费总量；yie_t 表示我国第 t 期粮食国内平均亩产量；ex_t 表示我国第 t 期粮食出口总量；dum 表示我国对粮食进口可能产生重大影响的政策变量。各变量的具体定义与解释如下：

im_t 表示我国第 t 期粮食进口总量。按照不同的分类标准，粮食包括的范围也不相同，本章的粮食是指按照《商品名称及编码协调制度》编制的税则号为 HS10 类下的所有粮食类别。为了避免汇率变动的影响，我们选用重量单位来计量。

std_t、std_t^2 和 std_t^3 分别表示我国第 t 期食品安全国家标准中涉及粮食的标准一次项、二次项及三次项。按照前述理论分析，食品安全标准可能与粮食进口贸易存在 U 形、倒 U 形、N 形及倒 N 形关系，因此，其系数符号存在不确定性。

$cons_t$ 表示我国第 t 期粮食国内消费总量。粮食的国内消费主要包括国民的基本口粮消费、种子用粮消费、畜类和禽类的饲料消费及工业消费。国民的基本口粮消费、种子用粮消费及畜类和禽类的饲料消费在短期是一种刚性需求，工业消费则与国内的经济状况密切相关。显然，这一控制变量应与粮食进口量正相关，其系数预期符号为正。

yie_t 表示我国第 t 期粮食国内平均亩产量。该控制变量不仅可以反映粮食的产出水平，还反映了粮食生产的技术水平。因此，选择使用国内粮食平均亩产量作为控制变量将比选择粮食产量更加精确。显然，这一控制变量在理论上应与粮食进口量负相关，其系数预期符号为负。

ex_t 表示我国第 t 期粮食出口总量。粮食除了作为一种普通商品之外，在国际关系中还具有一定的政治属性，我国作为粮食生产、消费和贸易大国，在粮食的出口贸易中，正常的市场交易和具有政治意义的交易都占有较大比重。众所周知，进口与出口具有较强的替代性，因此，其系数预期符号为负。

dum 表示我国对粮食进口可能产生重大影响的政策变量。作为战略物质的粮食一直是国家政策关注的重点之一。粮食进口主要受两类重大国家政策的影响，一是宏观的财经政策和货币政策；二是直接针对农业或粮食生产的系统性政策。政策变量既可能促进粮食的进口，也可能阻碍粮食的出口，因此，其系数预期符号不确定。

式(5-2)中 β_1、β_2、β_3 取值不同会导致曲线的形状也不相同。一般可有以下几种情况：第一，$\beta_1>0$ 且 $\beta_2=\beta_3=0$ 时，曲线向右上方单调递增，即粮食的进口量将会随着食品安全标准量的增加而增加。第二，$\beta_1<0$ 且 $\beta_2=\beta_3=0$ 时，曲线向右下方单调递减，即粮食的进口量将会随着食品安全标准量的增加而降低。第三，$\beta_1>0$、$\beta_2<0$ 且 $\beta_3=0$ 时，曲线先递增，在达到极大值后开始递减，曲线形状呈倒“U”形，也即粮食进口量将会随着食品安全标准量的增加先增加后降低。第四，$\beta_1<0$、$\beta_2>0$ 且 $\beta_3=0$ 时，曲线先递减，在达到极小值后开始递增，曲线形状呈“U”形，也即粮食进口量将会随着食品安全标准量的增加先降低后增加。第五，$\beta_1>0$、$\beta_2<0$ 且 $\beta_3>0$ 时，曲线先递增，在达到第一个拐点后开始递减，然后再达到第二个拐点，之后又开始递增，曲线形状呈“N”形(即倒“U”+“U”形)，也即粮食进口量将会随着食品安全标准量的增加先增加后降低，然后又增加。第六，$\beta_1<0$、$\beta_2>0$ 且 $\beta_3<0$

时，曲线先递减，在达到第一个拐点后开始递增，然后再达到第二个拐点，之后又开始递减，曲线形状呈倒"N"形(即"U"+倒"U"形)，也即粮食进口量将会随着食品安全标准量的增加先降低后增加，然后又降低。

二、数据来源与统计描述

（一）数据来源

本节实证模型所考察数据的时间序列范围是1992—2015年，考虑到数据的可获得性，只选取了24年数据。食品安全国家标准数据来源于前述测算结果。粮食进口总量来源于联合国商品贸易统计(UN comtrade)数据库，粮食国内消费总量、粮食国内平均亩产量、粮食出口总量数据均来自于美国农业部(USDA)数据库。政策变量通过虚拟变量的方式来反映，通过考察相关文献及我国宏观经济政策及粮食政策发现，在我国实行浮动汇率制改革的背景下，基础货币投放量自1992年和1993年就开始持续增加，这使得1992年流通中的货币量比上年增加36.4%；1993年则增加35.3%。两年的增长率均高于经济增长与物价上涨幅度之和。它们累积起来的影响滞后到1994年和1995年，其中一个重要后果就是造成了人们对黄金和粮食的大量收购。2004年，在我国粮食生产获得连年丰收的背景下，中央政府为了维护农民利益，防止"谷贱伤农"，出台了粮食最低收购价政策。这一政策是在广泛采纳各方意见的基础上出台的，其在正式出台前就已被预期，因此其对粮食进口的影响主要反映在2003—2005年。这样本书政策虚拟变量1994—1995年、2003—2005年设置为1，其他年度设置为0。

（二）统计描述

本节用于实证检验的数据(经对数化处理之后)如表5-5所示，主要变量的描述性统计指标如表5-6所示，解释变量和被解释变量的趋势图如图5-4和5-5所示。

表5-5　实证检验数据

年度	变量名称					
	ln *im*	ln *std*	ln *yie*	ln *ex*	ln *cons*	*dum*
1992	8.934 2	2.708 1	1.217 0	9.508 1	12.722 1	0
1993	8.795 7	2.708 1	1.273 0	9.546 0	12.746 6	0
1994	9.793 9	4.025 4	1.277 8	7.583 2	12.763 3	1
1995	9.696 3	4.025 4	1.262 9	6.843 7	12.774 5	1
1996	8.545 0	4.262 7	1.318 7	8.683 2	12.795 4	0

表 5-5(续)

年度	变量名称					
	ln *im*	ln *std*	ln *yie*	ln *ex*	ln *cons*	*dum*
1997	8.200 3	4.262 7	1.221 3	9.314 6	12.802 7	0
1998	8.078 4	4.262 7	1.307 6	8.796 5	12.819 4	0
1999	8.189 5	4.262 7	1.269 8	9.506 5	12.827 4	0
2000	7.965 9	4.262 7	1.222 5	9.186 7	12.834 7	0
2001	8.117 9	4.262 7	1.306 4	9.401 4	12.843 2	0
2002	7.826 0	4.262 7	1.319 1	9.885 2	12.840 5	0
2003	8.764 5	4.262 7	1.340 6	9.343 7	12.835 9	1
2004	9.151 5	4.262 7	1.389 5	9.153 5	12.830 4	1
2005	8.316 1	4.615 1	1.445 9	8.759 2	12.839 0	1
2006	7.608 9	4.615 1	1.331 2	9.168 0	12.855 0	0
2007	7.409 1	4.615 1	1.380 2	8.529 1	12.877 4	0
2008	7.754 9	4.625 0	1.389 5	7.433 1	12.898 4	0
2009	8.623 2	4.625 0	1.377 3	7.465 7	12.935 0	0
2010	8.334 2	4.779 1	1.430 3	7.395 7	12.980 7	0
2011	9.445 2	4.990 4	1.444 6	7.346 0	13.035 3	0
2012	9.368 5	5.252 3	1.471 8	7.257 7	13.072 5	0
2013	10.052 7	5.252 3	1.512 3	7.075 0	13.087 9	0
2014	10.383 6	5.493 1	1.511 0	7.131 7	13.102 3	0
2015	10.157 2	5.493 1	1.535 0	6.934 4	13.112 6	0

数据来源：根据我国食品安全国家标准、USDA数据库相关数据整理换算所得。

表 5-6　　　变量描述性统计

统计指标	变量名称				
	ln *im*	ln *std*	ln *yie*	ln *ex*	ln *cons*
均值	8.729 7	4.424 4	1.356 471	8.385 3	12.884 7
中值	8.584 1	4.262 7	1.335 929	8.721 2	12.839 7
最大值	10.383 6	5.493 1	1.535 022	9.885 2	13.112 7
最小值	7.409 1	2.708 1	1.217 030	6.843 8	12.722 1
标准差	0.855 4	0.683 2	0.095 888	1.036 1	0.117 9
偏度	0.411 2	−0.896 8	0.307 430	−0.180 8	0.789 9
峰度	2.066 2	4.390 7	2.029 405	1.381 4	2.371 6

数据来源：根据 Eviews 6.0 软件计算所得。

三、实证检验

（一）平稳性检验

由于本节所采用的数据为时间序列数据，这些数据一般都因存在时间趋势而是非平稳的，根据计量经济学理论，对于非平稳的数据直接回归可能会产生严重的伪回归问题。因此，在依据模型进行回归之前需要验证序列的平稳性。本节采用 Dickey & Fuller(1981)提出的 ADF 方法进行序列的平稳性检验，按照是否存在截距项或者时间趋势可以把检验方程分为三类：无时间趋势又无截距项；无时间趋势有截距项；既有时间趋势又有截距项[212]。在检验方程的选择上，我们依据序列的散点图来进行判断，同时依据各变量数据单位根方程中截距项和时间趋势的系数显著性来判断单位根检验模型设定的合理性。对于滞后阶数，Eviews 6.0 软件可以依据数据的特点通过 AIC 准则进行自动识别来确定。检验结果见表 5-7。

表 5-7　　变量的平稳性检验

变量	检验类别	ADF 检验值	P 值	结论
ln *im*	$(c,t,5)$	−1.2518	0.6335	不平稳
dln *im*	$(c,t,5)$	−4.298 0***	0.003 1	平稳
ln *std*	$(c,t,5)$	−1.251 8	0.633 5	不平稳
dln *std*	$(c,t,5)$	−5.204 6***	0.000 4	平稳
$(\ln std)^2$	$(c,t,5)$	−1.519 0	0.506 3	不平稳
$d(\ln std)^2$	$(c,t,5)$	−5.314 2***	0.000 3	平稳
$(\ln std)^3$	$(c,0,5)$	−0.731 9	0.819 2	不平稳
$d(\ln std)^3$	$(c,0,5)$	−5.335 3***	0.000 3	平稳
ln *cons*	$(c,t,5)$	−1.519 0	0.506 3	不平稳
dln *cons*	$(c,t,5)$	−5.314 2***	0.000 3	平稳
ln *yie*	$(c,t,5)$	0.001 4	0.949 0	不平稳
dln *yie*	$(c,t,5)$	−7.853 5***	0.000 0	平稳
ln *ex*	$(c,t,5)$	−2.051 7	0.543 9	不平稳
dln *ex*	$(c,t,5)$	−4.300 1**	0.013 4	平稳

注：在(c,t,k)中，c 表示单位根检验的截距项，t 表示时间趋势项，k 是最大滞后阶数。选择 k 时遵循最小 AIC 准则。***，** 和 * 分别代表 1%、5%和 10%的显著性水平。

数据来源：根据 Eviews6.0 软件计算所得。

由表 5-7 可知，变量 ln*im*、ln*std*、$(\ln std)^2$、$(\ln std)^3$、ln*cons*、ln*yie*、ln*ex* 的水

平序列都是非平稳的时间序列，但是它们的一阶差分都是平稳时间序列，即它们是 I(1)序列。

（二）回归分析

食品安全标准与进口贸易之间的作用可能是相互的，一方面，颁布和实施食品安全国家标准有利于对接国际标准，发挥标准作为“贸易共同语言”的作用，降低交易成本；另一方面，为了确保国民的食品安全，进口贸易的不断增加也可能倒逼国内食品安全国家标准的建设。因此，在系统地验证食品安全标准对我国粮食进口贸易总量影响之时，有必要通过采用协整分析来对这种可能的双向因果关系做出判断。根据计量经济学相关理论，如果数据是平稳序列，则可以通过格兰杰因果检验来探讨数据之间的关系，但是通过上述的单位根检验发现数据都是 I(1)序列。因此，为了防止可能出现的伪回归，则需要通过协整检验来验证回归方程所描述的因果关系是否是伪回归，即检验变量之间是否存在稳定的关系。协整检验主要有 E-G 检验法和 JJ 检验法，这两种方法的一个重要差别之一就是 E-G 是先回归后对回归残差进行分析，得出协整与否的结论；而 JJ 检验则是在回归之前通过构建 VAR 模型分析变量之间是否存在稳定的协整关系，若存在，则可以纳入回归模型做进一步分析。由于食品安全标准在短期内一般具有一定的稳定性，本节也主要是关注二者的长期关系。因此，为了避免差分丢失信息的弊端，本节将对上述 I(1)序列进行直接回归，然后再选用 E-G 检验法对回归残差的平稳性进行检验，如果残差平稳，协整关系才成立。

本节的基本回归思路是首先在没有控制变量的情况下依次加入解释变量的一次项、二次项及三次项，然后根据相应的回归检验指标来进行模型的第一次选择，接下来通过加入控制变量来进一步比较确定最终的模型，最后通过 E-G 检验来进行变量协整检验，以避免伪回归问题。具体回归结果见表 5-8。

表 5-8 模型估计结果

解释变量	模型 1	模型 2	模型 3	模型 4	模型 5
C	7.184 9***	18.015 8***	−60.694 0**	−48.131 3	−144.936 2***
	(6.263 8)	(5.321 1)	(−2.682 8)	(−0.968 6)	(−3.059 1)
ln*std*	0.3491	−5.074 1***	56.492 9***	−6.068 2***	48.071 1***
	(1.362 0)	(−3.092 0)	(3.206 8)	(−3.384 7)	(3.102 1)
$(\ln std)^2$	—	0.657 4***	−14.726 5**	0.740 4**	−12.501 9***
		(3.332 7)	(−3.352 8)	(2.743 7)	(−3.306 6)

表 5-8(续)

解释变量	模型 1	模型 2	模型 3	模型 4	模型 5
$(\ln std)^3$	—	—	1.239 1*** (3.504 7)	—	1.028 5*** (3.507 8)
ln*cons*	—	—	—	6.148 6 (1.603 4)	7.770 6** (2.583 6)
ln*yie*	—	—	—	−6.334 5** (−2.435 8)	−1.337 5 (−0.541 9)
ln*ex*	—	—	—	−0.244 0* (−1.858 0)	−0.252 2* (−2.476 7)
dum	—	—	—	1.450 6*** (4.644 7)	0.942 9*** (3.343 8)
R^2	0.077 8	0.396 8	0.626 3	0.811 6	0.893 5
D-W	0.470 9	1.049 1	1.227 2	1.955 5	2.229 9
F 检验值	1.855 2	6.907 2***	11.173 4***	12.202 3***	19.171 8***
E-G 检验	−1.658 7*	−2.800 8***	−3.067 8***	−2.222 2**	−5.342 5***
拐点	—	3.858 9	3.256 5 4.666 9	4.098 2	3.136 8 4.966 5
样本容量	24	24	24	24	24

注：***、**和*分别代表1%、5%和10%的显著性水平。拐点值通过求导计算获得。

数据来源：根据 Eviews 6.0 软件计算所得。

表 5-8 的模型 1、2、3 分别为没有控制变量参与情况下分别加入食品安全标准一次项、二次项及三次项的回归结果，以考察食品安全标准与我国粮食进口贸易之间非线性关系是否存在。模型 4、5 是在模型 1、2、3 分析的基础上分别加入控制变量和食品安全标准二次项与三次项的一个比较，以对本节提出的计量模型进行精确的估计。下面对表 5-8 的回归结果进行具体的归纳和简要的讨论。

模型 1、2、3 是在没有考虑控制变量的影响下直接对食品安全标准取对数后分别加入一次项、二次项及三次项的回归结果。从模型 1 可以看出，虽然模型通过了 E-G 检验，表明食品安全标准与我国粮食进口贸易存在长期的协整关系，在样本考察时间范围内，这一影响总体为正，但是参数并未通过 t 检验，同时 R^2、D-W 及 F 检验值都表明二者的线性关系在统计上并不显著，特别是从 D-W 指标可以看出，模型 1 存在很强的正自相关性。模型 2 与 3 是在模型 1 的基础上依次加入了食品安全标准对数的二次项与三次项的回归结果。首先，模型 2、模型 3 的 E－G 检验值分别为－2.8008 和－3.0678，都通过了 1%的显著性水平的协整检验，表明变量间存在长期稳定的均衡关系。从参数的 t 检验来看，模型 2 的两个参数都在 1%的显著性水平上通过了检验，而模型 3 加入三次项后，虽然二次项参数的显著性水平降低到了 5%，但三次项的却为 1%，同时 R^2、D-W 及 F 检验值都提示模型 3 的拟合优度、正自相关性及模型的整体显著性都得到了明显改善。因此，从统计意义上看，模型 3 是优于模型 2 的，它揭示我国食品安全国家标准与粮食进口量之间存在"N"形曲线而不是"U"形曲线的基本关系。同时，从实践角度上来看，我们通过计算模型 2"U"形曲线的拐点值为 3.858 9，通过与样本数据对照，其时间为 1994 年；模型 3"N"形曲线的拐点值分别为 3.256 5 和 4.666 9，其对应的时间年度分别为 1994 年和 2010 年。1994 年和 2010 年前后正是我国食品安全国家标准建设的比较两个关键时点，可见，相对于模型 3 的"N"形曲线来说，模型 2"U"形曲线没能反映出 2010 年前后我国食品安全标准的重大变化。因此，从实践角度来说，模型 3 也是优于模型 2 的。

为了进一步进行模型鉴别和精确地估计模型参数，我们在模型 2、模型 3 的基础上加入影响粮食进口量的相关控制变量，主要包括国内消费量、国内亩产量、出口量及政策变量。首先，模型 4、模型 5 的 E-G 检验值分别为－2.222 2 和－5.342 5，分别通过了 5%和 1%显著性水平的协整检验，表明不存在伪回归问题。从 D-W 指标来看，模型 4 为 1.955 5，模型 5 为 2.229 9，都接近于 2，这表明通过加入影响粮食进口贸易的相关控制变量，模型的正自相关性和负自相关性都得到了极大地降低，相对于模型 2 和模型 3，遗漏变量问题得到了比较好的解决。从拟合优度来看，模型 4 的 R^2 值为 0.811 6，模型 5 的 R^2 值为 0.893 5，可见，模型 5 具有更好的拟合优度。从拐点值来看，模型 4 的值为 4.098 2，对应年度为 1996 年；模型 5 的拐点值分别为 3.136 8 和 4.966 5，对应的年度分别为 1994 年和 2011 年。从我国食品安全国家标准建设的实际情况来看，1994 年我国新增国家标准 25 项，其中涉及粮食的具体检测指标 41 项；2011 年随着 GB 28260—2011 及 GB 2761—2011 标准的实施，涉及粮食的具体检测指标新增 28 项，可见，1994 年与 2011 年是我国食品安全国家标准变化的一个重要时间节点。通过上述分析可知，相对于模型 4 而言，模型 5 对以上两个关键时间做出了精确地估计。因此，我们选择模型 5 作为本书用于分析的最终模型。

模型 5 中解释变量的一次项、二次项、三次项的系数都在 1%显著水平上通过了 t 检验，符号的方向与模型 3 保持一致，各控制变量的符号也与理论预期一致。作为本节最终选定的计量模型，模型 5 揭示了食品安全国家标准与我国粮食进口量存在"N"形关系，即食品安全国家标准对数化后系数的一次项为正，二次项为负，三次项为正，"N"曲线的两个拐点分别在 1994 年和 2011 年，其简图见图 5-6。

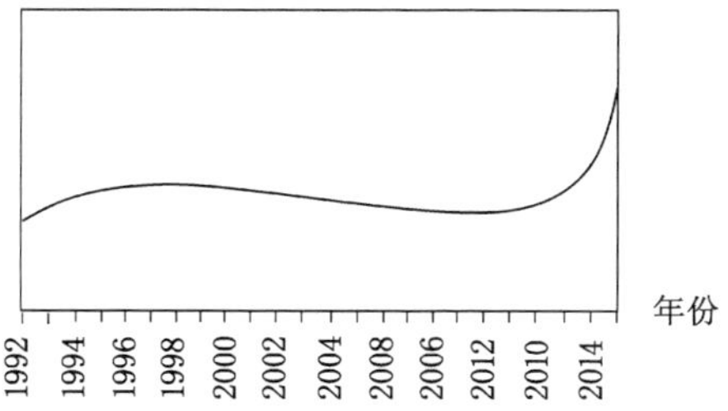

图 5-6　食品安全标准与粮食进口

对于“N”曲线最左端的平稳上升部分，它反映了在 1994 年之前，我国食品安全标准与粮食进口的数量关系。此阶段，我国粮食类食品安全标准文件数量只有 10 个，真菌霉素限量、污染物限量及农药最大残留限量等相关的检测指标只有 15 项。此时我国的食品安全标准处于起步阶段，其典型特征是标准的“技术”与“制度”要求都比较低，这一标准状态在客观上起到了促进粮食进口的作用。对于“N”曲线中间阶段缓慢下降的部分(负二次项)，它反映了从 1994 年至 2010 年间，我国食品安全标准加速建设阶段的状况。此阶段，我国陆续出台了多项标准来规范食品的生产与交易行为，其中标准文件最多的年份达到了 40 余个，相关检测指标最多达到了 119 项。该阶段我国食品安全标准的典型特征是标准的“技术”与“制度”要求同步提高，特别是众多标准文件所反映的“制度”要求常常使得国外粮食出口商无所适从，因此，这一标准状态起到了阻碍粮食进口的作用。对于“N”曲线最右端的加速上升部分，它反映了在 2011 年之后，我国食品安全标准进入规范发展阶段的状况。此阶段，我国在《食品安全法》的规范下，对食品安全标准进行了系统整合，与粮食相关的标准文件大大地减少了，相关检测指标也与 CAC 国际标准开始全面接轨，2015 年已达 243 项，但相对发达国家的食品安全标准来说，其检测指标的覆盖范围及严格程度并不算高。此阶段我国食品安全标准的典型特征是标准的“技术”要求有所提高，但“制度”要求则有了很大程度的降低，这一标准状态起到了促进粮食进口的作用。

第三节　分品种的面板数据实证检验

由于在上一节中被解释变量粮食进口数据通过联合国商品贸易统计(UN comtrade)数据库只能检索到 1992 年之后的数据，到 2015 年只有 24 年的样本观测值。因此，为了克服上一节样本量不足和减弱内生性问题，增强研究结论的稳健性，以及进一步考察粮食各具体主要品种与食品安全标准的关系其品种间的差异，本节采用面板数据模型来进行进一步的分析。

一、模型与变量

本节的计量模型构建思路与上一节基本类似，在控制变量的设置上，本节计量模型充分地考虑了价格因素对各具体粮食品种进口的影响，同时为了适应面板数据估计，本节计量模型不得不舍弃政策虚拟变量。具体的计量模型如下：

$$im_{it} = \beta_0 + \beta_1 std_{it} + \beta_2 std_{it}^2 + \beta_3 std_{it}^3 + \beta_4 cons_{it} + \beta_5 pro_{it} + \beta_6 pri_{it} + \mu_{it} \quad (5\text{-}3)$$

为了减弱数据的波动性，消除或减弱序列中可能存在的异方差，提高回归结果的稳定性，对上述变量都进行对数化处理，处理后的计量模型如下：

$$\begin{aligned} \ln im_{it} = \beta_0 + \beta_1 \ln std_{it} + \beta_2 \ln({}^s td_{it})2 + \beta_3 \ln({}^s td_{it})3 \\ + \beta_4 \ln cons_{it} + \beta_5 \ln pro_{it} + \beta_6 \ln pri_{it} + \mu_t \end{aligned} \quad (5\text{-}4)$$

模型(5-3)中，下标 i 代表 HS1001、HS1003—HS1007 编码下的 6 类主要粮食品种，t 表示时间；μ_{it} 表示随机误差项；im_{it} 表示我国第 t 期第 i 种粮食品种的进口总量；std_{it}、std_{it}^2 和 std_{it}^3 分别表示我国第 t 期食品安全国家标准中涉及第 i 种粮食品种标准数量的一次项、二次项及三次项；$cons_{it}$ 表示我国 t 期第 i 种粮食品种的国内消费总量；pro_{it} 表示我国 t 期第 i 种粮食品种的国内生产总量；pri_{it} 表示我国 t 期第 i 种粮食品种的进口价格。

模型(5-3)中被解释变量与解释变量的具体定义与解释如下：

im_{it} 表示我国第 t 期第 i 种粮食品种进口总量。目前，国际上对贸易的划分与我国国民经济统计系统中对各个主要产品的分类还不一致，大多的文献采用了海关税则号，本节对粮食品种的分类借鉴之，但除去了一些小品种，具体分别为小麦(HS1001)、大麦(HS1003)、燕麦(HS1004)、玉米(HS1005)、大米及稻谷(HS1006)、高粱(HS1007)。为了避免汇率变动的影响，我们采用重量单位来计量。

std_{it}、std_{it}^2 及 std_{it}^3 分别表示我国第 t 期食品安全国家标准中涉及第 i 种粮食品种的标准指标数量的一次项、二次项及三次项，与上一节类似，其系数存在不确定性。

$cons_t$ 表示我国 t 期第 i 种粮食品种的国内消费总量。与上一节类似，这一控制变量应与粮食进口量正相关，其系数预期符号为正。

pro_{it} 表示我国 t 期第 i 种粮食品种的国内生产总量。本期的粮食产量又是本期粮食供应量的重要基础，与粮食进口存在严格的替代关系。因此，其系数预期符号为负。

pri_{it} 表示我国 t 期第 i 种粮食品种的进口价格。粮食作为一种消费品，将受其自身价格的影响，其系数预期符号为负。其计算公式为：

$$pri_{it} = \frac{import\_value_{it} * exchange\_rate_t}{import\_weight_{it} * cpi_t}$$

其中 $import\_value_{it}$ 表示我国 t 期第 i 种粮食品种进口总值，以当年美元为计量单位；$exchange\_rate_t$ 表示我国 t 期人民币对美元的汇率；$import\_weight_{it}$ 表示我国 t 期第 i 种粮食品种进口总量，以千克为计量单位；cpi_t 表示我国 t 期的物价指数，以 1978 年为基期。

二、数据来源与统计描述

（一）数据来源

本节实证模型所考察数据的时间序列范围是 1992—2015 年，考虑到数据的可获得性，只选取了 24 年数据。食品安全国家标准数据来源于前述测算结果。粮食分品种进口总量、粮食分品种进口总值数据来源于联合国商品贸易统计(UN comtrade)数据库，粮食分品种消费数据、粮食分品种生产数据来自于美国农业部(USDA)数据库，人民币对美元汇率、物价指数数据来自于中国国家统计局数据库。

（二）统计描述

本节用于实证检验主要变量的描述性统计指标如表 5-9 所示。

表 5-9　变量描述性统计

统计指标	变量名称				
	ln*im*	ln*std*	ln*cons*	ln*pro*	ln*pri*
均值	4.932 639	3.812 098	9.731 857	9.595 897	3.695 458
中值	5.741 386	3.871 201	10.423 90	10.058 04	3.550 686
最大值	9.357 603	5.236 442	12.289 95	12.322 22	6.879 656
最小值	0.000 222	2.484 907	5.991 465	5.991 465	2.212 191
标准差	2.970 080	0.574 595	2.138 885	2.237 307	0.690 210
偏度	−0.386 121	−0.095 811	−0.303 964	−0.187 976	1.817 829
峰度	1.741 808	3.425 300	1.472 271	1.306 990	8.743 580
观测量	144	144	144	144	144

数据来源：根据 Eviews 6.0 软件计算所得。

由表 5-9 可见，所有变量的均值远远大于标准差，这表明本节用于实证分析的数据离散程度不高，不存在极端异常值，可以进一步进行后面的建模分析；所有变量的峰度系数介于[1,9]之间，表明数据相对正态分布的高峰而言更加陡峭，呈现一定程度的尖峰顶；所有变量的偏度系数介于[−1,2]之间，表明本节所采用的数据集对称程度比较高，基本适合回归分析。

三、实证检验

（一）平稳性检验

本节采用 Phillips & Perron(1988)提出的 PP 方法进行序列的平稳性检验，PP 检验的原假设是存在单位根，接受原假设则意味着存在单位根，反正，接受备选假设则意味着不存在单位根。PP 检验通过构造一个具有 t 分布的统计量来检验系数的取值情况，相对于 DF 检验来说更稳健（高铁梅，2006）[213]。按照是否存在截距项或者时间趋势可以把检验方程分为三类：无时间趋势又无截距项；无时间趋势有截距项；既有时间趋势又有截距项。在检验方程的选择上，我们依据序列的散点图来进行判断，同时依据各变量数据单位根方程中截距项和时间趋势的系数显著性来判断单位根检验模型设定的合理性。对于滞后阶数，Eviews 6.0 软件可以依据数据的特点通过 AIC 准则进行自动识别来确定。检验结果见表 5-10。

表 5-10　变量的平稳性检验

变量	检验类别	PP-Fisher 检验值	P 值	结论
ln*im*	有截距项无趋势项	9.435 21	0.665 4	不平稳
dln*im*	有截距项无趋势项	123.259***	0.000 0	平稳
ln*std*	无截距项无趋势项	1.086 71	1.000 0	不平稳
dln*std*	有截距项无趋势项	84.173 9***	0.000 0	平稳
$(\ln std)^2$	有截距项有趋势项	15.533 8	0.213 5	不平稳
$d(\ln std)^2$	有截距项有趋势项	66.162 5***	0.000 0	平稳
$(\ln std)^3$	有截距项无趋势项	13.891 2	0.307 7	不平稳
$d(\ln std)^3$	有截距项无趋势项	85.406 7***	0.000 0	平稳
ln*cons*	有截距项无趋势项	11.153 7	0.515 8	不平稳
dln*cons*	有截距项无趋势项	65.270 0***	0.000 0	平稳
ln*pro*	无截距项无趋势项	8.182 76	0.770 7	不平稳
dln*pro*	无截距项无趋势项	125.073***	0.000 0	平稳
ln*pri*	无截距项无趋势项	13.985 7	0.301 6	不平稳
dln*pri*	无截距项无趋势项	164.143***	0.000 0	平稳

注：***，**和*分别代表 1%、5%和 10%的显著性水平。

数据来源：根据 Eviews 6.0 软件计算所得。

由表 5-10 可知，变量 ln*im*、ln*std*、$(\ln std)^2$、$(\ln std)^3$、ln*cons*、ln*pro*、ln*pri* 的

水平序列都是非平稳的时间序列，但是它们的一阶差分都是平稳时间序列，即它们是 I(1)序列。

（二）回归分析

在回归之前，我们还需首先作固定效应模型、混合效应模型的选择。相对于混合效应模型来说，是否有必要建立个体固定效应模型可以通过 F 检验来完成。经计算，$F=3.695$，通过查 F 值分布表可知，$F>1.60$，则应该拒绝建立混合效应模型。接下来，我们再在固定效应模型与随机效应模型中进行选择。通过 Eviews 6.0 自带的 Hausman 检验功能，计算其值为 104.173，对应的 p 值为 0。所以应该建立固定效应模型。具体回归结果见表 5-7。

表 5-11 中模型的核心解释变量食品安全标准的一次项为正、二次项为负、三次项为正，都在 1%的显著水平上通过了 t 检验。控制变量各粮食品种的消费、生产、价格分别为正、负、负，也在 1%的显著水平上通过了 t 检验，这与理论预期一致。模型回归的各项指标如 R^2、D-W 及 F 检验都具有良好的统计性质。因此，可以认为该模型的回归结论从整体上来看与上一节的回归结论保持了高度的一致，即食品安全标准与我国粮食进口呈“N”形关系。

表 5-11 模型估计结果

Variable	Coefficient	Std. Error	t-Statistic	Prob
C	−78.108 5***	13.993 2	−5.581 9	0.000 0
ln*std*	53.678 8***	9.797 0	5.479 1	0.000 0
$(\ln std)^2$	−14.582 2***	2.574 3	−5.664 5	0.000 0
$(\ln std)^3$	1.295 5***	0.219 3	5.908 5	0.000 0
ln*cons*	3.253 1***	0.389 9	8.343 6	0.000 0
ln*pro*	−1.074 2**	0.367 1	−2.926 3	0.004 0
ln*pri*	−0.771 1***	0.161 7	−4.767 9	0.000 0
FixedEffects(Cross)				
_1001-C	−1.462 0			
_1003-C	4.533 9			
_1004-C	4.438 3			
_1005-C	−4.890 1			
_1006-C	−3.046 9			
_1007-C	0.426 9			
R^2	0.772 1			

表 5-11(续)

Variable	Coefficient	Std. Error	t-Statistic	Prob
D-W	1.165 3			
F 检验值	45.031 8***			
拐点	3.236 3 4.2678			
样本容量	144			

注：***，**和*分别代表1%、5%和10%的显著性水平。拐点值通过求导计算获得。

数据来源：根据 Eviews 6.0 软件计算所得。

从各个具体粮食品种的固定效应来看，通过本面板数据回归得到了一个比较有意义的结论，即 HS1001（小麦）、HS1005（玉米）、HS1006（稻米）为负，HS1003(大麦)、HS1004(燕麦)、HS1007(高粱)为正。这说明我国三大主粮的进口量在保持与食品安全标准"N"形关系的同时是向下偏离平均水平的，其中偏离最严重的是 HS1005(玉米)，然后依次是 HS1006(稻米)、HS1001(小麦)；与之相反，我国的三大辅粮则是向上偏离平均水平的，其中偏离最严重的是 HS1003(大麦)，然后依次是 HS1004(燕麦)、HS1007(高粱)，这说明在同等的食品安全标准下，我国三大主粮进口总量的增长速度比三大辅粮的进口总量增长数据更慢。从消费结构上看，这也反映了三大主粮作为基本口粮，而三大辅粮作为更高层次的食品需求的基本事实。

在上述模型的基础上，我们假定其他控制变量不变，计算得到"N"形曲线的两个拐点分别为 3.236 3 和 4.267 8。粮食 6 大品种的食品安全标准值在"N"形曲线上的分布情况见图 5-7。

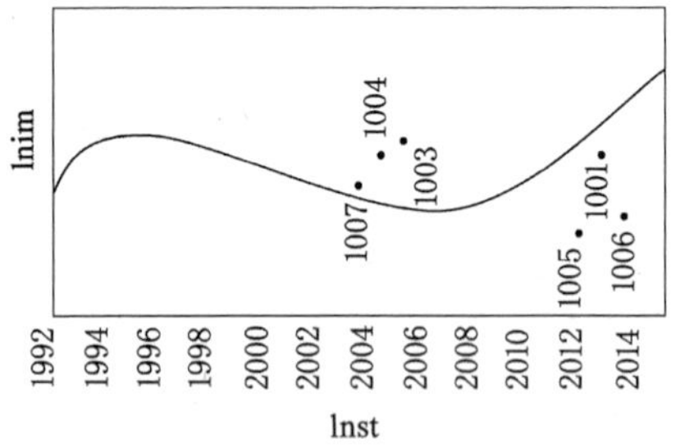

图 5-7 粮食分品种标准与进口

从图 5-7 中可以看出，6 大粮食品种都于 1994 年越过了第一个拐点，但是对于第二个拐点只有 HS1001(小麦)、HS1005(玉米)、HS1006(大米和稻谷)已经越过。其中 HS1001(小麦)在 2011 年越过,HS1005(玉米)在 2012 年越过,HS1006(稻米)在 2005 年越过,在这三个关键年度,我国分别颁布实施了 GB 2761—2011 标准、GB 2762—2012 标准、GB 2763—2012 标准、GB 2761—2005 标准、GB 2761—2005 标准、GB 2761—2005 标准,这些食品安全标准的颁布实施使得三大主粮的检测指标得到了大量的增加。尚未跨越第二个拐点的粮食品种主要有 HS1003(大麦)、HS1004(燕麦)、HS1007(高粱),这几个粮食品种的进口量与食品安全国家标准尚处于倒“U”形关系中。不过从这三个粮食品种所处的位置来看,基本上都已经接近了拐点。

第四节 本章小结

本章我们提出了食品安全标准的测算方法,并运用该方法对我国粮食类食品安全标准进行了具体测算,然后运用时间序列模型及面板数据模型实证检验了我国食品安全标准对粮食的进口贸易效应。研究发现:(1) 传统的技术标准测算方法在食品安全标准上并不完全适用,为此我们提出了基于安全检测指标的测算方法。使用该方法,对我国粮食类食品安全标准的测算结果显示,无论是对粮食总体还是各细分品种,安全检测指标的数量与我国食品安全标准的演变具有高度吻合性;各细分品种的安全检测指标数量在保持总趋势大体一致的同时还存在较大差异,其中稻米、小麦及玉米这三大主粮的安全检测指标数量相对较多,且发展速度相对较快。(2) 计量检验发现我国食品安全国家标准与粮食的进口贸易在总体上存在显著的“N”形数量关系;分品种的研究进一步证实了该研究结论,并发现我国三大主粮的进口量在保持与食品安全标准“N”形关系的同时向下偏离平均水平,而三大辅粮则向上偏离平均水平;研究还发现,除了食品安全标准之外,国内消费量、国内粮食出口、国内粮食平均亩产量、国际粮食价格、国内重大的宏观政策等也是我国粮食进口贸易的重要影响因素。

第六章　食品安全标准对粮食进口贸易效应的政策模拟

本章从政策模拟的角度来研究我国食品安全标准对粮食进口的贸易效应，分析政策效果。本章研究的基本思路为：首先，在理论研究的基础上，对食品安全标准进行分解，并设定其具体函数形式；其次，结合实证研究所得出的模型，采用计量经济学方法，进行政策模拟设计；接下来从制度和技术两个视角对粮食进口总量及分品种进口量分别进行政策模拟；最后在此基础上对我国食品安全标准是否可以作为调控粮食进口量的政策工具作出具体的判断，得出研究结论。

第一节　政策模拟设计

通过前文理论分析和实证检验的基本研究结论，本书认为通过调整食品安全标准可以影响我国粮食进口贸易量的变化。但是，具体的政策设计思路及其政策效果是怎样的呢？这就需要找到政策设计的着力点并进行政策模拟。在最近的20余年，政策模拟的兴起推进了政策科学的迅速发展。政策模拟是在相关模型的基础上针对政策问题开展的政策虚拟计算实验，具有实验经济学特征，其目的主要是认识政策的有效性（王铮等，2010）[214]。

由于食品安全标准是制度与技术的集成，用函数的形式则可以表示为 $std=f(\eta,r)$，其中，std 表示食品安全标准，η 表示制度因素，r 代表技术因素。需要进一步指出的是，对于 η，还可以继续细分为随技术而变动的制度因素及不随技术而变动的制度因素两部分，也即 $\eta=\eta_1+\eta_2$，其中，$\eta_2=f(r)$，一般来看，技术要求越高也就意味着制度越严格，而当食品安全标准的技术要求达到保护健康所需的上限之后，再继续提高技术要求则主要表现为制度因素。比如日本在2006年实施的《食品中残留农药肯定列表制度》，其每种食品涉及的检测指标与原来相比大约增加了5倍。倪月菊（2006）、毛雪丹（2006）、谭晶荣等（2011）等学者指出，“肯定列表制度”已在某种程度上反映了日本企图通过微观的技术指标来达到设置制度门槛的目的[215-217]。

在新制度经济学的范畴中，制度作为影响生产效率的核心要素所涉及的相关问题错综复杂，且不是本书关注的关键问题，因此，本书仅将制度因素分为随技术而变动的制度因素及不随技术而变动的制度因素两部分，不对制度因素作进一步的细分。在5.1节中我们依据检测指标对我国食品安全标准进行了量化测算，根据本书对技术标准以及食品安全标准内涵的理解，这一测算结果的背后实际上隐含了这样一个假定：即每一个具体测算数据代表的是在特定时期内某一食品所受到的制度与技术因素制约的程度。在此，为了模拟分析上的进一步简化，本书假定：制度因素与食品安全标准的测算结果负相关，技术因素则与之呈正相关，进而对 $std=f(\eta,r)$ 的具体函数形式设定为：

$$\ln std = -\ln\eta_1 - \ln\eta_2 + \ln r \tag{6-1}$$

其中 $\ln\eta>0$，$\ln\eta_1$ 越大表示不随技术而变动的制度因素越严格，不随技术而变动的制度因素包括标准的协调和互认等诸多方面，协调是指进出口国食品安全标准在形式上的统一程度，互认是指进出口国间相互承认对方食品安全标准体系中合格评定程序的结果。$\ln\eta_2$ 越大表示随技术而变动的制度因素越严格，其调整的系数设为 α，当食品安全标准中的技术检测指标增加或检测指标的技术要求水平提高时，意味着 $\ln\eta_2$ 越大。$\ln r>0$，$\ln r$ 越大表示技术要求越严格，它主要包括技术水平层次和技术指标层次两个方面的要求。

基于食品安全标准的函数形式，本书在政策模拟时将从制度与技术两个角度来进行具体的分析。在政策模拟的方法上，目前主要有计量经济学方法、运筹学方法、基于机理的数值解方法、基于自主体模拟的动力学方法、系统工程方法、最优控制方法及其他非数值方法等。本书根据前述研究成果，并参考郝枫(2013)、鲍晓华(2010)等学者的相关研究[218-219]，采用计量经济学方法，在计量回归模型的基础上，通过对政策因子的调整来定量地刻画政策模拟的效果。具体而言，本书首先依据政策模拟的着力点进行情景设定，然后根据本书的理论与实证研究结果对相关参数进行设定，接下来根据我国粮食进口与粮食安全的基本现状设定政策调控的目标和调控的时间区间，最后通过反复实验确定政策调整的力度、模拟政策调整的效果。

第二节　基于总量的政策模拟

在(5-2)式的基础上，本书通过计量回归分析在表5-8中已经选定了模型5作为本书最终模型，在模型5的基础上运用(6-1)式，本书从制度与技术两个角度设定两种政策模拟情景。

情景一：技术因素 r 固定为 $r=10.8257$，随技术而变动的制度因素 η_2 的参数 α 设定为 $\alpha=0.25$，不随技术而变动的制度因素 η_1 的初始值为 2.706 4，η_1 为模拟变量,调整步长依据对粮食进口量的调整目标反复实验而确定。为了简化实验计算模拟,本书首先计算出 2013—2015 年我国食品安全标准测算结果的算术平均值(选择这三年是为了使得到的初始值尽量符合当前我国食品安全标准的实际情况),然后根据(6-1)式假定 η_1、η_2 及 r 绝对值的比值为 1∶1∶4(这一比例的确定仅是根据经验、猜想及计算简便而假定的,比例关系选择的不同虽然会改变数值结果,但不会从根本上影响模拟的结果,具体的比例关系有待进一步研究),进而分别确定 η_1、η_2 及 r 的初始值。

情景二:不随技术而变动的制度因素 η_1 固定为 $\eta_1=2.706\ 4$;随技术而变动的制度因素 η_2 的参数 α 的初始值设定为 $\alpha=0.25$,参数 α 为模拟变量;技术因素 r 的初始值设定为 $r=10.825\ 7$,r 为模拟变量;数值的确定方式类似情景一。针对我国粮食的进口现状、消费现状、国内生产现状及未来的需求预测,由于我国粮食进口激增始于 2012 年,因此,本书以 2012—2015 年粮食进口平均下降 50% 为调控目标。根据情景一及情景二的设定,模拟结果分别见图 6-1 和图 6-2。

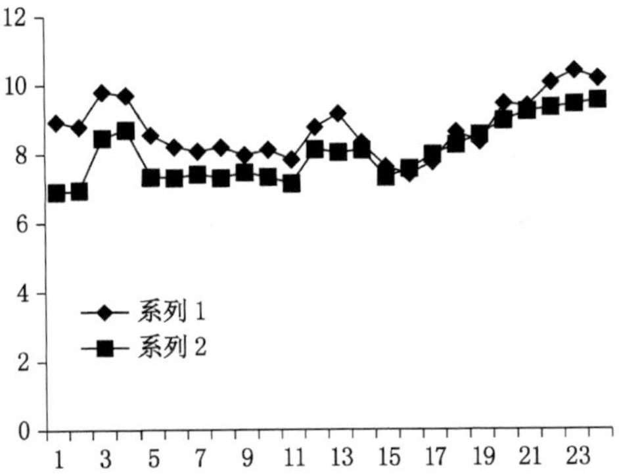

图 6-1　技术固定情景下的模拟结果(粮食总体)

图 6-1 是情景一的模拟结果,其中系列一表示我国粮食进口取对数后的实际结果,系列二表示模拟结果(下图类似,不再赘述)。从情景一的设定可知,当固定了食品安全标准中的技术因素后,随技术而变动的制度因素也就固定了。经过多次模拟实验,本书在不随技术而变动的制度因素为 2.706 4 的初始值下,设定其调整步长为 0.02。经模型模拟得到 2012—2015 年粮食进口的模拟值与实际相比分别下降 13.85%、51.61%、61.68%、46.98%,四年平均下降 43.53%,比预期的调控目标低 6.47 个百分点,基本接近调控目标。该政策模拟的意义在于:由于食品安全标准中的技术因素在短期具有一定的稳定性,如果不

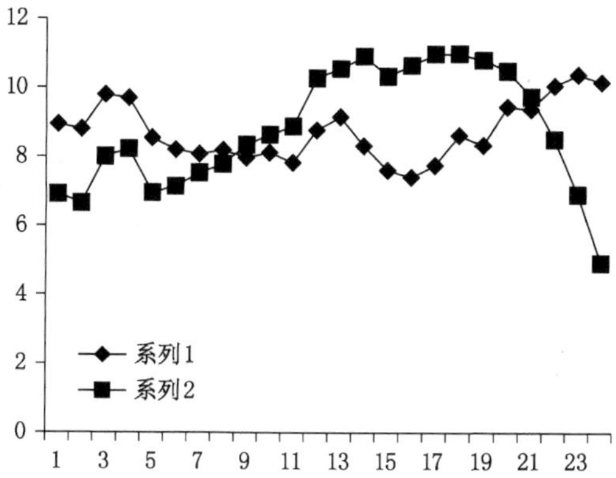

图 6-2　制度 η_1 固定情景下的模拟结果(粮食总体)

便于对其进行调整时,则可以通过改变其制度因素来调控粮食进口量;针对我国2012—2015 年粮食进口激增的现状,通过相关制度安排来增加出口商的交易成本,进而遏制粮食的过量进口是一项可行的政策设计思路。

图 6-2 是情景二的模拟结果。当固定了食品安全标准中不随技术而变动的制度因素 η_1 后,对食品安全标准的调控实际上主要借助于技术因素变动的步长和随技术而变动的制度因素 η_2 的参数 α 来进行。经过多次模拟实验,本书在技术因素为 10.825 7 的初始值下,设定其调整步长为 0.04;在随技术而变动的制度因素 η_2 的参数 α 的初始值为 0.25 的情况下,设定其调整步长为 0.016。经模型模拟得到 2012—2015 年粮食进口的模拟值与实际相比分别下降－44.61%、78.66%、96.9%、99.47%,四年平均下降 57.6%,比预期的调控目标高 7.6 个百分点,基本接近调控目标。值得指出的是,从图 6-2 中可见,随着技术要求的不断严格,也意味着随技术而变动的制度因素严格程度的不断增加,当达到拐点值后,在制度因素的作用下会使得粮食进口量加速减少,原来食品安全标准与粮食进口量的"N"形关系演变成了"M"形关系。该政策模拟的意义在于:食品安全标准中的技术因素的调整可以从制度和技术两个方面来影响粮食的进口量,其影响的大小在于对调整步长的控制;针对我国 2012—2015 年粮食进口激增的现状,通过调整食品安全标准中的技术因素可以达到调控目标,但是也会造成其他年份粮食进口量变动幅度过大的问题,这实际上也暗示对技术因素调整的影响是系统性的。

第三节　基于分品种的政策模拟

本书的粮食分品种包括小麦、大麦、燕麦、玉米、稻米及高粱六种，本书将在(5-4)式的面板模型估计结果的基础上运用(6-1)式，针对这六种粮食品种的进口现状、消费现状、国内生产现状及未来的需求预测设定两种政策模拟情景分别对其进口量进行政策模拟。

一、小麦进口量调控的政策模拟

情景一：技术因素 r 固定为 $r=9.562$，随技术而变动的制度因素 η_2 的参数 α 设定为 $\alpha=0.25$，不随技术而变动的制度因素 η_1 的初始值为 2.390 1，η_1 为模拟变量。情景二：不随技术而变动的制度因素 η_1 固定为 $\eta_1=2.390\ 1$，随技术而变动的制度因素 η_2 的参数 α 初始值设定为 $\alpha=0.25$，参数 α 为模拟变量；技术因素 r 的初始值设定为 $r=9.562$，r 为模拟变量。数值确定方式与基于总量的政策模拟数值设定方式类似。小麦作为我国北方居民的主食，适量的进口有利于提高人们的生活质量，通过本书 3.2 节研究可知，我国小麦进口激增始于 2012 年，因此，综合考虑我国小麦的供需现状，本书以 2012—2015 年小麦进口平均下降 40%为调控目标。根据情景一及情景二的设定，模拟结果分别见图 6-3 和图 6-4。

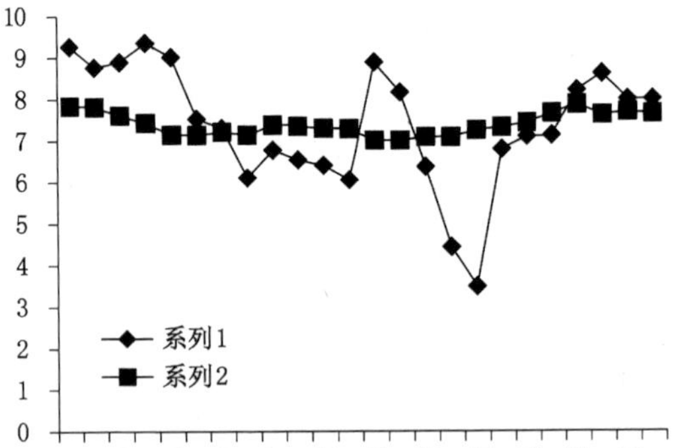

图 6-3　技术固定情景下的模拟结果(小麦)

图 6-3 是情景一的模拟结果。经过多次模拟实验，本书在不随技术而变动的制度因素为 2.3901 的初始值下，设定其调整步长为 0.05。经模型模拟得到 2012—2015 年小麦进口的模拟值与实际相比分别下降 29.1%、62.95%、26.33%、29.8%，四年平均下降 37.04%，比预期的调控目标低 2.96 个百分点，

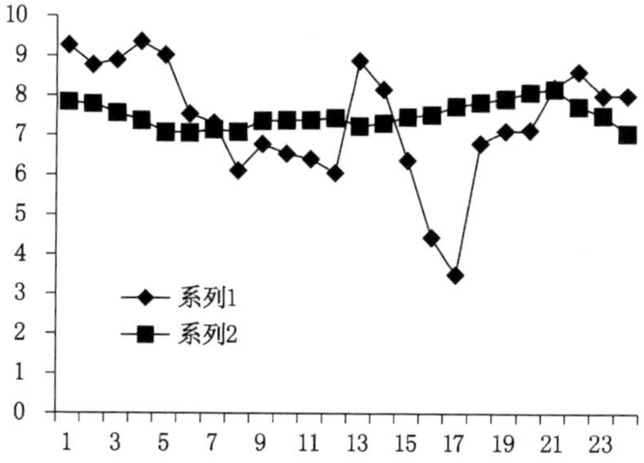

图 6-4　制度 η_1 固定情景下的模拟结果(小麦)

基本接近调控目标。

图 6-4 是情景二的模拟结果。经过多次模拟实验,本书在技术因素为 9.560 2 的初始值下,设定其调整步长为 0.1;在随技术而变动的制度因素 η_2 的参数 α 的初始值为 0.25 的情况下,设定其调整步长为 0.014。经模型模拟得到 2012—2015 年小麦进口的模拟值与实际相比分别下降 4.12%、58.88%、38.87%、61.07%,四年平均下降 40.74%,比预期的调控目标高 0.74 个百分点,基本达到调控目标。

二、大麦进口量调控的政策模拟

情景一:技术因素 r 固定为 $r=7.995\ 3$,随技术而变动的制度因素 η_2 的参数 α 设定为 $\alpha=0.25$,不随技术而变动的制度因素 η_1 的初始值为 1.998 8,η_1 为模拟变量。情景二:不随技术而变动的制度因素 η_1 固定为 $\eta_1=1.998\ 8$,随技术而变动的制度因素 η_2 的参数 α 的初始值设定为 $\alpha=0.25$,参数 α 为模拟变量;技术因素 r 的初始值设定为 $r=7.995\ 3$,r 为模拟变量。数值确定方式与基于总量的政策模拟数值设定方式类似。由于我国对大麦的进口没有配额限制,使得大麦成为了我国粮食进口总量激增的主要贡献品种。通过 3.2 节研究可知,我国大麦进口激增始于 2014 年,因此,本书以 2014—2015 年大麦进口量平均下降 70% 为调控目标。根据情景一及情景二的设定,模拟结果分别见图 6-5 和图 6-6。

图 6-5 是情景一的模拟结果。经过多次模拟实验,本书在不随技术而变动的制度因素为 1.998 8 的初始值下,设定其调整步长为 0.08。经模型模拟得到 2014—2015 年大麦进口的模拟值与实际相比分别下降 54.02%、96.48%,两年平均下降 75.25%,比预期调控目标高 5.25 个百分点,基本接近调控目标。

图 6-6 是情景二的模拟结果。经过多次模拟实验,本书在技术因素为 7.995 3

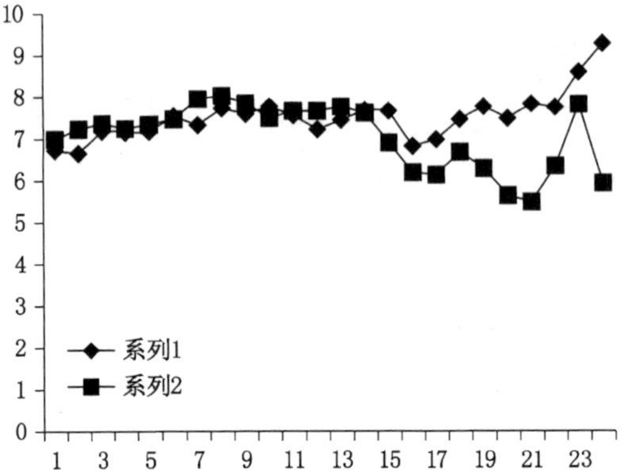

图 6-5　技术固定情景下的模拟结果(大麦)

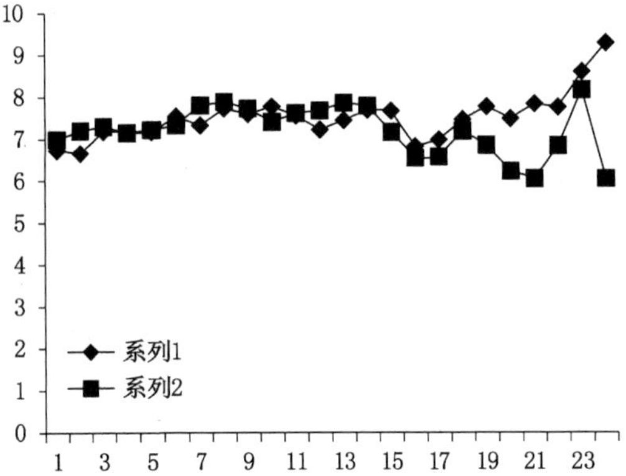

图 6-6　制度 η_1 固定情景下的模拟结果(大麦)

的初始值下,设定其调整步长为 0.1;在随技术而变动的制度因素 η_2 的参数 α 的初始值为 0.25 的情况下,设定其调整步长为 0.015。经模型模拟得到 2014—2015 年大麦进口的模拟值与实际相比分别下降 34.95%、96.05%,两年平均下降 65.5%,比预期调控目标低 4.5 个百分点,基本接近调控目标。

三、燕麦进口量调控的政策模拟

情景一:技术因素 r 固定为 $r=7.664$,随技术而变动的制度因素 η_2 的参数 α 设定为 $\alpha=0.25$,不随技术而变动的制度因素 η_1 的初始值为 1.916,η_1 为模拟变量。情景二:不随技术而变动的制度因素 η_1 固定为 $\eta_1=1.916$,随技术而变动的制度因素 η_2 的参数 α 的初始值设定为 $\alpha=0.25$,参数 α 为模拟变量;技术因素 r

的初始值设定为 $r=7.664$，r 为模拟变量。数值确定方式与基于总量的政策模拟数值设定方式类似。燕麦作为 FAO 推荐的健康食品主要是满足人们对粮食的较高质量需求，通过本书 3.2 节研究可知，燕麦自 2009 年以来虽然在我国的进口量便呈稳步上升趋势，但到 2015 年，其进口量仅为 15.5 万吨，相对其他五类粮食品种而言还相当少。随着我国经济的不断发展，人们对高品质粮食的需求会不断增加。因此，本书以 2012—2015 年燕麦进口平均上升 8% 为调控目标。根据情景一及情景二的设定，模拟结果分别见图 6-7 和图 6-8。

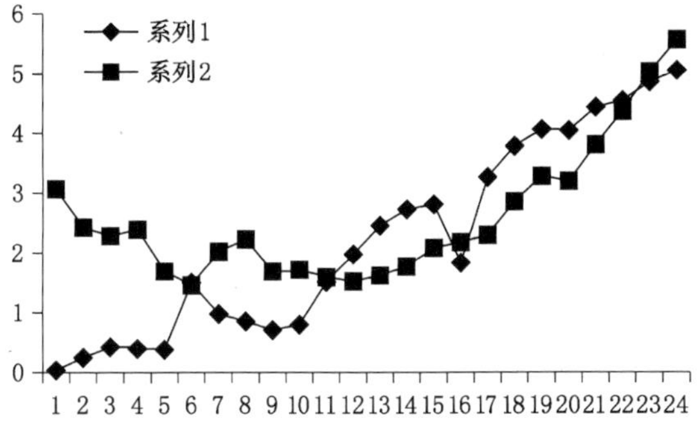

图 6-7 技术固定情景下的模拟结果(燕麦)

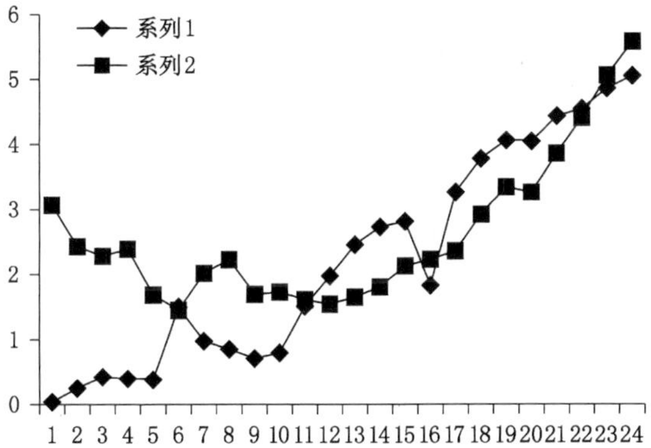

图 6-8 制度 η_1 固定情景下的模拟结果(燕麦)

图 6-7 是情景一的模拟结果。经过多次模拟实验，本书在不随技术而变动的制度因素为 1.916 的初始值下，设定其调整步长为 −0.06。经模型模拟得到 2012—2015 年大麦进口的模拟值与实际相比分别上升 −46.54%、−16.58%、18.56%、67.39%，四年平均上升 5.71%，比预期调控目标低 2.29 个百分点，基

本接近调控目标。

图 6-8 是情景二的模拟结果。经过多次模拟实验，本书在技术因素为 7.664 的初始值下，设定其调整步长为 0.1；在随技术而变动的制度因素 η_2 的参数 α 的初始值为 0.25 的情况下，设定其调整步长为 0.0015。经模型模拟得到 2012—2015 年燕麦进口的模拟值与实际相比分别上升 −43.55%、−12.79%、22.12%、68.91%，四年平均上升 8.67%，比预期调控目标高 0.67 个百分点，基本达到调控目标。

四、玉米进口量调控的政策模拟

情景一：技术因素 r 固定为 $r=8.969$，随技术而变动的制度因素 η_2 的参数 α 设定为 $\alpha=0.25$，不随技术而变动的制度因素 η_1 的初始值为 2.244 2，η_1 为模拟变量。情景二：不随技术而变动的制度因素 η_1 固定为 $\eta_1=2.244\ 2$，随技术而变动的制度因素 η_2 的参数 α 初始值设定为 $\alpha=0.25$，参数 α 为模拟变量；技术因素 r 的初始值设定为 $r=8.969$；r 为模拟变量。数值确定方式与基于总量的政策模拟数值设定方式类似。玉米是我国饲料用粮和工业用粮的主要品种，通过本书 3.2 节研究可知，自 2010 年以来我国玉米的进口量出现了激增趋势，考虑到我国经济发展的因素，本书以 2010—2015 年玉米进口平均下降 90%为调控目标。根据情景一及情景二的设定，模拟的结果分别见图 6-9 和图 6-10。

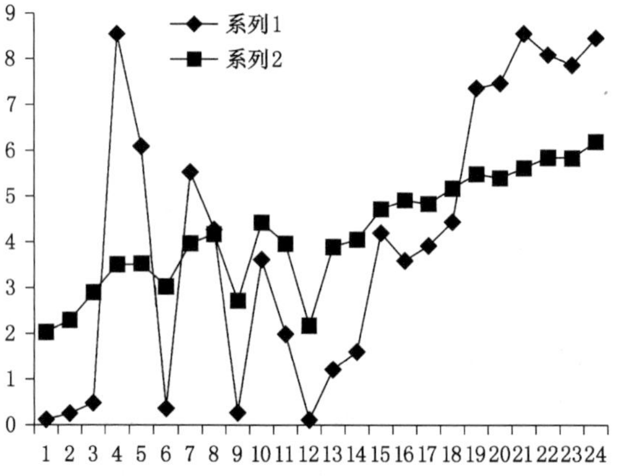

图 6-9 技术固定情景下的模拟结果（玉米）

图 6-9 是情景一的模拟结果。经过多次模拟实验，本书在不随技术而变动的制度因素为 2.244 2 的初始值下，设定其调整步长为 0.05。经模型模拟得到 2010—2015 年玉米进口的模拟值与实际相比分别下降 84.57%、87.39%、94.7%、89.4%、86.86%、89.68%，六年平均下降 88.77%，比预期调控目标低

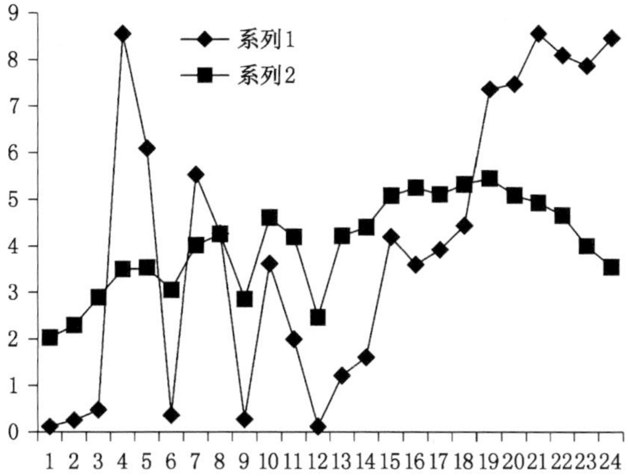

图 6-10　制度 η_1 固定情景下的模拟结果（玉米）

1.23 个百分点，基本接近调控目标。

图 6-10 是情景二的模拟结果。经过多次模拟实验，本书在技术因素为 8.969的初始值下，设定其调整步长为 0.1；在随技术而变动的制度因素 η_2 的参数 α 的初始值为 0.25 的情况下，设定其调整步长为 0.015。经模型模拟得到 2010—2015 年玉米进口的模拟值与实际相比分别下降 85.23%、90.82%、97.35%、96.78%、97.91%、99.27%，六年平均下降 94.56%，比预期调控目标高 4.56 个百分点，基本接近调控目标。

五、稻米进口量调控的政策模拟

情景一：技术因素 r 固定为 $r=10.361\ 2$，随技术而变动的制度因素 η_2 的参数 α 设定为 $\alpha=0.25$，不随技术而变动的制度因素 η_1 的初始值为 2.590 3，η_1 为模拟变量。情景二：不随技术而变动的制度因素 η_1 固定为 $\eta_1=2.590\ 3$，随技术而变动的制度因素 η_2 的参数 α 初始值设定为 $\alpha=0.25$，参数 α 为模拟变量；技术因素 r 的初始值设定为 $r=10.3612$；r 为模拟变量。数值确定方式与基于总量的政策模拟数值设定方式类似。通过本书 3.2 节研究可知，自 2012 年以来我国稻米的进口量出现了激增趋势。我国既是全球稻米的主产国，也是全球稻米的主要消费国，这决定了我国稻米应该需要更高的自给率。综合考虑稻米功能性作用和供需现状，本书以 2012—2015 年稻米进口平均下降 85%为调控目标。根据情景一及情景二的设定，模拟的结果分别见图 6-11 和图 6-12。

图 6-11 是情景一的模拟结果。经过多次模拟实验，本书在不随技术而变动的制度因素为 2.590 3 的初始值下，设定其调整步长为 0.05。经模型模拟得到 2012—2015 年稻米进口的模拟值与实际相比分别下降 85.63%、83.03%、

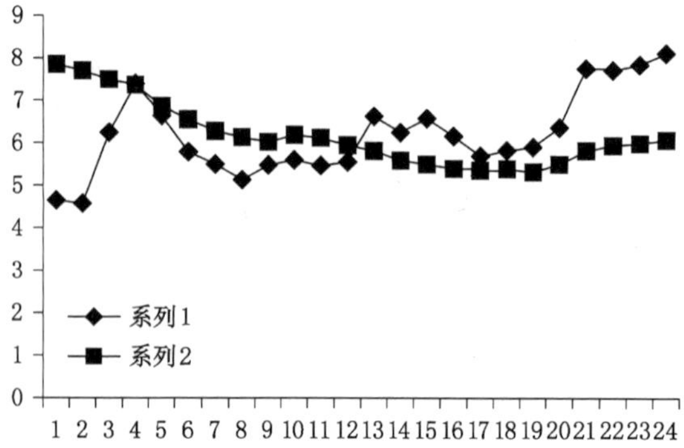

图 6-11　技术固定情景下的模拟结果(稻米)

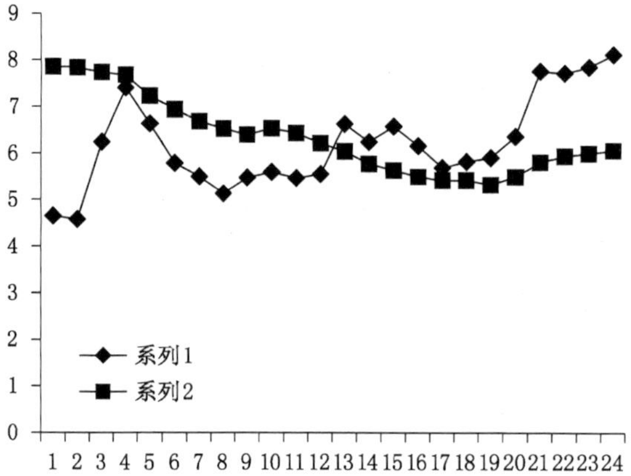

图 6-12　制度 η_1 固定情景下的模拟结果(稻米)

84.37%、87.04%,四年平均下降 85.02%,比预期调控目标高 0.02 个百分点,基本达到调控目标。

图 6-12 是情景二的模拟结果。经过多次模拟实验,本书在技术因素为 10.361 2 的初始值下,设定其调整步长为 0.1;在随技术而变动的制度因素 η_2 的参数 α 的初始值为 0.25 的初始值下,设定其调整步长为 0.01。经模型模拟得到 2012—2015 年稻米进口的模拟值与实际相比分别下降 85.74%、83.1%、84.24%、87.18%,四年平均下降 85.06%,比预期调控目标高 0.06 个百分点,基本达到调控目标。

六、高粱进口量调控的政策模拟

情景一:技术因素 r 固定为 $r=7.444$,随技术而变动的制度因素 η_2 的参数 α

设定为 $\alpha=0.25$，不随技术而变动的制度因素 η_1 的初始值为 1.861，η_1 为模拟变量。情景二：不随技术而变动的制度因素 η_1 固定为 $\eta_1=1.861$，随技术而变动的制度因素 η_2 的参数 α 初始值设定为 $\alpha=0.25$，参数 α 为模拟变量；技术因素 r 的初始值设定为 $r=7.444$，r 为模拟变量。数值确定方式与基于总量的政策模拟数值设定方式类似。与大麦的情况类似，我国对高粱的进口也没有配额限制，使得高粱成为了我国粮食进口总量激增的主要贡献品种。通过本书 3.2 节研究可知，自 2013 年以来我国高粱的进口量出现了激增趋势，这一激增趋势比大麦更快，因此，为了遏制高粱进口的激增，本书以 2013—2015 年高粱进口平均下降 90%为调控目标。根据情景一及情景二的设定，模拟的结果分别见图 6-13 和图 6-14。

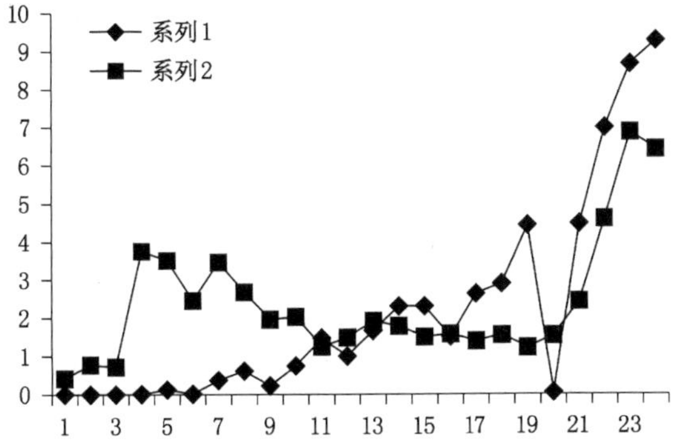

图 6-13　技术固定情景下的模拟结果(高粱)

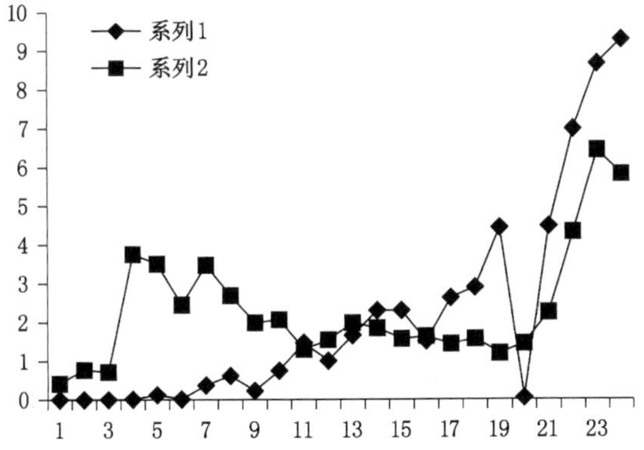

图 6-14　制度 η_1 固定情景下的模拟结果(高粱)

图 6-13 是情景一的模拟结果。经过多次模拟实验，本书在不随技术而变动的制度因素为 1.861 的初始值下，设定其调整步长为 0.02。经模型模拟得到 2013—2015 年高粱进口的模拟值与实际相比分别下降 90.74%、83.47%、94.3%，三年平均下降 89.5%，比预期调控目标低 0.5 个百分点，基本达到调控目标。

图 6-14 是情景二的模拟结果。经过多次模拟实验，本书在技术因素为 7.444 的初始值下，设定其调整步长为 0.1；在随技术而变动的制度因素 η_2 的参数 α 的初始值为 0.25 的初始值下，设定其调整步长为 0.012。经模型模拟得到 2013—2015 年高粱进口的模拟值与实际相比分别下降 93.01%、89.17%、96.87%，三年平均下降 93.02%，比预期调控目标高 3.02 个百分点，基本接近调控目标。

第四节　本章小结

本章我们从技术与制度的角度设定了食品安全标准的具体函数形式，并运用实证研究所得到的模型模拟了我国食品安全标准对粮食的进口贸易效应。研究发现：制度与技术可以作为食品安全标准政策设定的重要着力点，对粮食进口总量和分品种进口量的政策模拟结果进一步显示，通过对食品安全标准中的技术因素和制度因素进行调整可以实现预设的调控目标。

第七章　结论与政策建议

本章在前文研究的基础上，首先对本研究所提出主要观点及研究结论进行系统性的总结；然后以确保我国粮食安全为目标，以我国食品安全标准为抓手，提出相应的政策建议；最后对本研究存在的不足及未来研究方向进行展望。

第一节　主要研究结论

本书围绕三个关键性问题展开研究，所取得的主要研究结论如下：

第一，食品安全标准进口贸易效应的形成机理包括三个方面：一是进口国食品安全标准的调整变化通过对出口厂商遵循成本的影响直接对进口贸易产生促进或抑制效应；二是在国内厂商的生产成本与交易成本的乘积与国外厂商相比更具优势的前提下，食品安全标准的调整变化将会产生进口贸易壁垒效应；三是当出口厂商之间存在遵循成本差异时，进口国食品安全标准的调整变化将导致进口贸易量从遵循成本较高的厂商向遵循成本较低的厂商部分转移，即食品安全标准的进口贸易转移效应。

第二，我国食品安全标准与粮食进口贸易存在"N"形的数量关系。我国食品安全国家标准与粮食进口总量之间存在"N"形数量关系，"N"曲线的两个拐点分别在1994年和2011年。我国三大主粮的进口量在保持与食品安全标准"N"形关系的同时是向下偏离平均水平的，其中偏离最严重的是玉米，然后依次是稻米和小麦；与之相反，我国的三大辅粮的进口量则是向上偏离平均水平的，其中偏离最严重的是大麦，然后依次是燕麦和高粱。我国主要粮食品种都于1994年越过了第一个拐点，但是第二个拐点只有小麦、玉米和稻米越过。

第三，食品安全标准可以作为调控我国粮食进口、保障国家粮食安全的政策工具。本书认为粮食安全既包括粮食数量安全，也包括粮食质量安全，在当前我国大规模粮食进口贸易不可逆转的前提下，粮食进口已对我国粮食安全产生重要影响。从供给的角度上看，我国粮食生产无论是在规模上还是在结构上仍然存在安全隐忧。从需求的角度上看，消费升级使得我国粮食无论是在总量上还是在结构上都还面临着较大的进口压力。由于我国食品安全标准与粮食进口贸易存在"N"形数量关系，且对粮食进口总量和分品种进口量的政策模拟结果也进一步显示，通过对食品安全标准中的技术因素和制度因素进行调整可以实现预设的调控目标。因此，通过调整食品安全标准可以达到调节粮食进口的目的，可以为我国"适度进口"的粮食安全战略提供可操作的政策工具，进而有助于粮食安全问题的解决。

第二节　主要政策建议

根据本书研究结论以及食品安全标准与粮食进口的基本现状，对我国如何通过食品安全标准更有效地保障国家粮食安全提出以下政策建议。

第一，从"技术"角度进一步加强食品安全标准的制定和修订工作。目前，我国食品安全标准虽然已经走上了规范化发展的轨道，但是粮食类食品安全标准的检测指标数量与检测指标的限量水平在总体上还与国际食品安全标准存在一定的差距，与发达国家的差距更大。根据本书的实证研究可知，我国食品安全标准与粮食进口贸易存在"N"形的数量关系，从总体上来看，二者已经迈过了"N"形曲线的第二个拐点，同时当前我国粮食进口总量已经超出了"适度进口"的范围，出现了"过度进口"现象且有愈演愈烈的趋势，这为我们调整粮食类食品安全标准提供了重要的机遇。因此，从标准的"技术"角度适时地加大粮食类食品安全标准检测指标的覆盖范围，以及调高相关技术指标的最低限量值水平，不仅可以更好地发挥我国食品安全标准的"防火墙"作用，而且也有利于从总体上抑制粮食进口的过快增长。

第二，利用食品安全标准对粮食进口量进行分品种调控。本书的政策模拟显示，通过对不同粮食品种的标准进行调整可以达到调控其进口量的目的。近几年，我国粮食进口总量激增，其中贡献最大的粮食品种并不在我们预期的三大主粮之中，而是高粱和大麦这两个粮食品种，2015 年这两个粮食品种的进口量分别为 1 070 万吨和 1 073 万吨，而三大主粮进口之和为 1 105 万吨。相对小麦、玉米及稻米三大主粮的食品安全检测指标分别为 132 个、97 个、188 个而言，高粱和大麦这两个粮食品种的检测指标分别只有 47 个和 67 个，明显比三大主粮的标准要宽松。因此，以这两个粮食品种为例，从短期而言，我们可以通过对高粱和小麦这两个进口品种可以通过调整与出口国的标准协调程度、设置合格评定程序、设置复杂的检测程序等措施提高出口商的交易成本；从长期来看，我们应该在食品安全标准的修订工作中充分考虑到粮食品种间的替代关系，增加高粱、大麦等粮食品种的安全检测指标以及检测指标的限量水平值。

第三，从"制度"的角度推进我国食品安全标准与出口国标准的协调。根据本书研究结论可知,进出口国之间的食品安全标准协调程度越高,则越有利于降低贸易时的交易成本。随着国内经济的快速发展,当前我国粮食安全面临的主要问题之一是粮食供需品种的结构性失衡,而不同粮食品种的生产具有很强的地域性特征,这使得其质量也打上了地域品牌的烙印。因此,为了创造惠及进出口国双方更多的贸易剩余,应推进我国粮食类食品安全标准与出口国标准协调,保持出口国稳定的预期,维持稳定的贸易关系,降低贸易成本,进而更好地满足国内粮食品种的多样化需求。具体而言,进出口国间的标准协调主要有谈判协调和威权协调两种方式,对于那些食品安全标准水平高于我国的进口国主要可以采取谈判协调的方式,而对于那些食品安全标准水平低于我国的进口国则主要可以采取威权协调的方式,这样既有利于提升我国的食品安全标准水平和国际影响,也有利于维护粮食的质量安全。

第四,利用食品安全标准分散粮食进口的国别风险。近几年我国三大主粮的进口来源国分别为:稻米进口主要来源于泰国,小麦进口主要来源于美国、澳大利亚及加拿大,玉米进口主要来源于老挝、美国、缅甸、泰国。相对而言,我国粮食进口来源国比较集中。然而,粮食进口来源国过于集中就好比"把所有的鸡蛋都放在一个篮子里"一样,其风险是很大的。根据本书研究结论,食品安全标准的调整变化将导致粮食进口贸易量从遵循成本较高的出口国向遵循成本较低的出口国部分转移。因此,我们一方面可以通过食品安全标准互认等方式开辟更多的粮食进口来源国,另一方面对于当前的贸易伙伴,则可以根据其对我国粮食出口量的情况,利用食品安全标准对不同国家的粮食进口实行差别监管,使我国的粮食进口量在贸易伙伴间合理分配。

第五,充分发挥食品安全标准对国内粮食产业竞争力的提升作用。国内粮食与进口粮食本质上是一种竞争关系,本书研究认为要发挥食品安全标准对粮食进口的贸易壁垒效应的一个重要前提就是国内粮食的生产成本与交易成本的相乘之积要比进口粮食更具优势。对于交易成本来说,国内粮商具有先天优势,但是对于生产成本来说,我国现阶段的粮食生产力水平却还有待提高。运用食品安全标准提升粮食产业的生产力水平可以从这三个方面着力:一是要利用食品安全标准促使各类创新资源向粮食产业链集聚;二是要利用食品安全标准推进粮食产业专业化分工进一步深入;三是要利用食品安全标准调整当前的小农粮食生产模式,形成粮食生产的规模经济。长期来看,粮食产业作为我国农业的重要组成部分,通过食品安全标准来提升其竞争力也有利于我国农业的转型升级。

第六,充分利用食品安全标准的制度属性为国内粮食产业提供必要的保护。虽然贸易自由化作为一种时代趋势或舆论潮流已不可逆转,但是各种隐蔽的贸易保护主义手段在当今的国际贸易中也是层出不穷。利用食品安全标准作为贸易壁垒来保护国内产业已成为许多国家的战略选择，作为发展中国家的中国，一方面固然应充分地利用食品安全标准促进国际贸易的发展，另一方面对食品安全标准国际贸易效应的抑制作用也应加以合理利用。我国作为一个粮食生产消费大国，粮食安全问题解决的主要方面还得立足于国内，然而我国粮食产业还比较脆弱，其竞争力还有待进一步培育。从本书的研究结论可知，通过调整粮食类食品安全标准的制度安排将增加出口商的交易成本，进而抑制进口贸易的增长。比如可参考发达国家或地区的相关经验，按照食品安全标准的基本要求针对需要调控的粮食产品实施"产品认证制度"，作为国外出口商市场准入的基本门槛。

第七，加强食品安全标准的贯彻执行力度。我国当前所发生的一些食品安全事件在很大程度上并不是由于无标准可依，而是由于有标准不依。本书研究认为，食品安全标准可以对粮食质量提供信号显示，是粮食市场有序运行的基础，对粮食质量安全具有"防火墙"作用。随着我国对粮食市场的不断开放，单纯依靠国家行政指令来维护粮食的质量安全显然已不合时宜。食品安全国家标准作为依据《食品安全法》而制定的维护粮食市场秩序与质量安全的技术和制度规范，应该在粮食的质量安全监管中发挥重要作用，各级粮食行政管理部门要严格执行国家食品安全标准和相关规定，加强现有国家粮食质量检测机构管理，强化粮食质量安全检验检测体系建设，在粮食主产区和主销区增加粮食质量安全监测网点，努力实现食品安全标准的执行机构网络化、监测体系和监管区域全覆盖。

第三节　不足与展望

本研究以确保粮食安全为目标，对中国食品安全标准的粮食进口贸易效应进行了初步的研究，虽然取得了一些具有一定创新性的研究成果，但囿于个人能力与水平及客观条件，还有待在以下几个方面进行进一步完善。

第一，在理论研究上，虽然本书把"制度"因素作为食品安全标准的基本属性之一，引入到了进口国食品安全标准的进口贸易效应理论模型之中，构建了一个相对完善的理论分析框架，但是该模型对"制度"因素的考量还是很粗略的，只考虑技术标准作为标准制定机构的一项制度安排的基本属性，而没有对其进行具体分析。而在现实中食品安全标准作为具体的规制手段其牵涉的制度因素还很多，如果能对其进行具体的分类分析，可能会得到更具理论意义和现实价值的研究结论。

第二，在实证研究上，虽然本书从粮食总量与粮食分品种的角度对我国食品安全标准的粮食进口贸易效应分别进行了时间序列回归及面板数据回归检验，但是限于数据的可获得性，我们实证研究的数据样本为1992—2015年，对粮食的定义也排除了大豆这一我国传统的主要粮食品种。如果能从时间维度进一步拓展样本，可能会使我们的研究结论更加完善。如果能对大豆这一粮食品种进行进一步分析，则将有利于我们提出的基于粮食安全目标的食品安全标准政策的进一步完善。

第三，在应用研究上，本书以粮食安全为政策目标，以中国食品安全标准对粮食的进口贸易效应为理论与实证支撑，从食品安全标准的角度提出了确保我国"谷物基本自给"和"适度进口"的粮食安全政策建议。虽然为执行我国当前的粮食安全国家战略提供了新的政策工具，然而，粮食安全特别是我国的粮食安全是一个十分复杂的现实难题，影响粮食安全的因素有很多，本书从粮食进口的角度入手把一些重要因素纳入了我们的分析范畴，但缺乏系统性的分析。

以上的这些不足，笔者期望在日后的研究中进一步完善。

参考文献

[1] 王中美. 贸易保护主义与产业转移趋势的逆行:以世界半导体贸易战为例[J]. 国际经贸探索,2010,26(1):13-18.

[2] 陈爱贞. 下游技术标准受控对装备制造业自主创新的捆绑约束:基于中国通信设备制造业分析[J]. 经济管理,2012,34(4):29-38.

[3] 肖营. 关于粮食安全的应对之策[J]. 开放导报,2019(1):97-100.

[4] 张丽虹. 技术标准对国际贸易影响的理论与实证研究[D]. 上海:上海社会科学院,2015.

[5] 胡黎明,赵瑞霞. 产业集群式转移与区域生产网络协同演化及政府行为研究[J]. 中国管理科学,2017,25(3):76-84.

[6] 赵瑞霞,胡黎明. 产业转移的制度变迁效应及其地区差异:基于湖南与安徽的比较分析[J]. 西华大学学报(哲学社会科学版),2015,34(3):85-91.

[7] 梁静. 标准在闽台产业转移中的作用研究[J]. 质量技术监督研究,2012(5):9-14.

[8] 胡黎明,赵瑞霞. 产业集群式转移整合区域产业链的机理研究[J]. 统计与决策,2017(19):56-59.

[9] 胡黎明,赵瑞霞. 集群式转移企业与承接地政府转-承行为的演化博弈研究[J]. 中国科技论坛,2016(11):55-61.

[10] 鲍晓华. 食品安全标准促进还是抑制了我国谷物出口贸易?:基于重力模型修正贸易零值的实证研究[J]. 财经研究,2011,37(3):60-70.

[11] 冯蕾. 12 年前因疯牛病被禁 美国牛肉为何重返中国餐桌[EB/OL]. http://news.163.com/16/0924/03/C1MTE9380001121M.html

[12] 张颖,徐阳华. 中国国家粮食安全战略演进及前瞻[J]. 国际安全研究,2015,33(3):96-113.

[13] 蒋冠庄,高敬增. 李先念呕心赈粮荒:六十年代初的粮食危机[J]. 百年潮,2008(1):18-23.

[14] 吴晓寅,李明奇,谷艳萍,孙慧君,郭学琴. 浅析粮食食品安全与现代粮油标准的发展关系[J]. 现代食品,2015(12):12-16.

[15] 杨召奎. 严防不符食品安全标准的粮食流入市场[N]. 工人日报,2017-06-07(004).

[16] 肖国安. 论粮食的属性、特征及安全保障[A]. 中国软科学研究会. 第五届中国软科学学术年会论文集[C]. 中国软科学研究会,2005:19:397-415.

[17] 张晓山. 中国的粮食安全问题及其对策[J]. 经济与管理研究,2008,29(8):28-33.

[18] 刘维. 论粮食的经济属性与政府的基本定位:与邓大才同志商榷[J]. 粮食问题研究,2003(4):19-22.

[19] 朱晶. 农业公共投资、竞争力与粮食安全[J]. 经济研究,2003(1):13-20.

[20] 刘明国,谭承友. 粮食的公共产品属性:中国当代农民贫困的经济根源[J]. 农村经济,2008(1):99-102.

[21] 吴志华,胡学君. 农民收入增长与粮食安全保障的协同[J]. 经济理论与经济管理,2007(3):53-56.

[22] 肖国安,刘友金,向国成,仇怡,谷洪波,龚日朝,王文涛. 国家粮食安全战略研究论纲[J]. 湘潭大学学报(哲学社会科学版),2009(6):39-45.

[23] 肖国安,王颖,龚波. 国际粮食价格与我国粮食生产的波动相关性研究[J]. 财经理论与实践,2017,38(4):115-120.

[24] 农业部农业贸易促进中心课题组. 粮食安全与“非必需进口”控制问题研究[J]. 农业经济问题,2016,37(7):53-59.

[25] BLIND K. The economics of standard: theory, evidence, policy [M]. London: Edward Elgar, 2004.

[26] BLIND K, HIPP C. The role of quality standards in innovative service companies: an empirical analysis for germany[J]. Technological Forecasting and Social Change, 2003, 70(7): 653-669.

[27] DAVID P A. Some new standards for the economics of standardisation in the information age [M]//Economic Policy and Technological Performance. Cambridge University Press, 1987: 206-239.

[28] TASSEY G. Standardization in technology-based markets[J]. Research Policy, 2000, 29(4/5): 587-602.

[29] SWANN G. The economics of standardization, final report for standards and technical regulations, directorate department of trade and industry [M]. University of Manchester, 2000.

[30] AKERLOF G. The market for “Lemons”: quality uncertainty and the market mechanism [J]. The Quarterly Journal of Economics, 1970, 84

(3):488.

[31] FARRELL J,SALONER G. Installed base and compatibility:innovation, product preannouncements and predation[J]. The American Economic Review,1986,12:940-955.

[32] 宋明顺,张华.专利标准化对国际贸易作用的机理研究及实证——基于标准与国际贸易关系研究现状[J].国际贸易问题,2012(2):92-100.

[33] 李双元,黄为之.论和解合同[J].时代法学,2006,4(4):14-22.

[34] 江虹.国际食品法典标准的趋同:兼论我国食品安全标准体系的应对[J].湘潭大学学报(哲学社会科学版),2016,40(1):34-37.

[35] 钱和,林琳,于瑞莲.食品安全法律法规与标准[M].北京:化学工业出版社,2016.

[36] 王瑛,许可.食品安全标准对我国农产品出口的影响:基于引力模型的实证分析[J].国际贸易问题,2014,(10):45-55.

[37] 米利群,王敏杰.食品安全标准对我国出口农产品的影响研究[J].农业经济,2014(8):119-120.

[38] 张肇中,张红凤.食品安全标准对中国农产品出口的影响:以苹果出口为例[J].理论学刊,2013(10):53-57.

[39] 赵雅玲,王殿华.欧盟食品安全标准对我国食品出口的影响[J].国际经贸探索,2010,26(8):65-69.

[40] 钟昌标.国内区际分工和贸易与国际竞争力[J].中国社会科学,2002(1):94-100.

[41] 鞠建东,林毅夫,王勇.要素禀赋、专业化分工、贸易的理论与实证:与杨小凯、张永生商榷[J].经济学(季刊),2004(4):27-54.

[42] 胡昭玲.国际垂直专业化分工与贸易:研究综述[J].南开经济研究,2006(5):12-26.

[43] 马克思.马克思 资本论 精装本 全三册[M].北京:人民出版社,1975.

[44] 魏克赛尔.利息与价格[M].蔡受白,程佰撝译北京:商务印书馆,1959.

[45] 凯恩斯.货币、利息和就业通论[M].北京:商务印书馆,2005.

[46] 希克斯.价值与资本:对经济理论某些基本原理的探讨[M].薛蕃康译.北京:商务印书馆,1962.

[47] VALDES A,ZIETZ A. Agricultural protection in OECD countries:its costs to less-developed countries[R]. International Food Policy Research Institute (IFPRI) Research Peport,No. 21,1980.

[48] HARRISON G W,RUTHERFORD T F,TARR D G,et al. Trade policy

and poverty reduction in Brazil[J]. The World Bank Economic Review. 2004,18(3):289-317.

[49] 郝晓燕,张益,韩一军.农产品贸易提升了中国农业全要素生产率吗?:基于双重门槛效应的检验[J].管理现代化,2017,37(5):15-19.

[50] 高奇正,刘颖,叶文灿.农业贸易、研发与技术溢出:基于38个国家(地区)的验证分析[J].中国农村经济,2018(8):99-116.

[51] SHARMA R,KONANDREAS P,GREENFIELD J. An overview of the assessments of the impact of the uruguay round on agricultural prices and incomes[J]. Food Policy,1996,21(4/5):351-363.

[52] INGCO M. Has agricultural trade liberalization improved welfare in the least-developed countries? yes[M]. The World Bank Working Paper. No. 1748,1997.

[53] LIPS MARKUS, TABEAU ANDRZEJ, VAN TONGEREN FRANK. Multilateral and regional trade agreements:optons for bangladesh[Z]. Paper presented at the 6th Conference on Global Economics. 2003.

[54] ANDERSON K. Agriculture and agricultural policies in China and India post-uruguay round. Discussion Paper[Z]. No. 2003-19 Centre for International Economic Studies,University of Adelaide. 2003.

[55] 黄季焜,李宁辉.中国农业政策分析和预测模型:CAPSiM[J].南京农业大学学报(社会科学版).2003,3(2):30-41.

[56] 高颖,田维明,张宁宁.扩大农产品市场开放对中国农业生产和粮食安全的影响[J].中国农村经济,2013(9):4-17.

[57] 罗浩轩,郑晔.中美贸易摩擦下我国农业产业安全深层次困境及破解思路[J].西部论坛,2019,29(1):11-20.

[58] 周曙东,郑建,卢祥.中美贸易争端对中国主要农业产业部门的影响[J].南京农业大学学报(社会科学版),2019,19(1):130-141.

[59] BROWN L. Who will feed China:wake-up call for a small planet[M]. Norton Company,1995.

[60] 姜长云.农村土地与农民的社会保障[J].经济社会体制比较,2002(1):49-55.

[61] TONG J D. WTO commitrment:Futher marketisation and trade liberalisation [M]//China :New Engine of World Growth. ANU Press,2012.

[62] 蒋庭松,梁希震,王晓霞,李正波.加入WTO与中国粮食安全[J].管理世界,2004(3):82-94.

[63] 马翠萍.农产品入世“过渡期”结束后中国粮食贸易的演变[J].中国软科学,2017(9):18-29.

[64] FULLER FRANK,BEGHIN JOHN,DE CARA STEPHANE,JACINTO FABIOSA,FANG CHENG,HOLGER MATTHEY. China's accession to the World Trade Organization: impact on agricultural markets, selected paper to be presented at the 2001 Agricultural & Applied Economics Association Meeting [C]. Chicago, August, 2001.

[65] 卢锋,梅孝峰.我国“入世”农业影响的省区分布估测[J].经济研究.2001(4):67-73.

[66] 林毅夫.入世与中国粮食安全和农村发展[J].农业经济问题,2004,25(1):32-33.

[67] 朱晶,钟甫宁.入世后我国与世界粮食生产的波动比较与市场融合[J].现代经济探讨,2004,(12):18-21.

[68] 蔡昉,王德文.经济增长成分变化与农民收入源泉[J].管理世界,2005,(5):77-83.

[69] 傅龙波,钟甫宁,徐志刚.中国粮食进口的依赖性及其对粮食安全的影响[J].管理世界,2001(3):135-140.

[70] PARK A,JIN H H ,ROZELLE S ,et al. Market emergence and transition: arbitrage, transaction costs and autarky in China's grain markets. American Journal of Agricultural Economics,2002,84 (1):67-82.

[71] 尚强民.如何看待中国粮食进口量超亿吨[J].中国粮食经济,2015(3):32-35.

[72] 钟甫宁.世界粮食危机引发的思考[J].农业经济问题,2009,30(4):4-9.

[73] 刘林奇,曾福生.粮食进口对我国粮食安全影响的实证分析:基于风险视角[J].求索,2014(10):52-56.

[74] ORTALO-MAGNE F. An investigation of international trade in a processed agricultural product: the U. S. import demand for wheat gluten [R]. Kansas State University,1990:11-15.

[75] KOO W W,MAO W ,SAKURAI T. Wheat demand in Japanese flour milling industry: a production theory approach[J]. Agricultural Economics,2000,24(2) :167-178.

[76] YANG S ,KOO W W. Japanese meat import demand estimation with the source differentiated aids model[J]Journal of Agricultural and resource Economics,1994,19(2):1-13.

[77] PATTICHIS C A. Price and income elasticities of disaggregated import demand:results from UECMs and an application[J]. Applied Economics, 1999,31(9) :1061-1067.

[78] 赵亮,穆月英. 基于边界检验的中国谷物进口需求研究[J]. 国际经贸探索, 2012,28(4):4-14.

[79] 王锐. 我国粮食进口增长特征及影响因素分析——2003 至 2014 年的实证研究[J]. 经济问题探索,2015,(6):25-30.

[80] 王新华,狄强. 中国粮食进口影响因素的实证研究[J]. 统计与决策,2014 (22):108-111.

[81] 钟钰,陈博文,王立鹤,吕新业. 我国粮食进口对国际粮价的影响:“大国效应”的验证——以三大主粮为例[J]. 中国农业大学学报(社会科学版), 2015,32(06):119-125.

[82] 肖国安,王琼. 粮食进口对我国粮食价格波动影响的实证研究[J]. 湖南师范大学社会科学学报,2017,46(4):117-123.

[83] MARSHALL ALFRED. Industry and trade[M],Macmillian and Co,Limited,1919.

[84] CALVIN L,KRISSOFF B. Technical barriers to trade:a case study of phytosanitary barriers and U. S. Japanese apple trade[J]. Journal of Agricultural and Resource Economics,1998,23(2):351-366.

[85] OTSUKI T,WILSON S,SEWADEH M. Saving two in a billion:quantifying the trade effect of European food safety standards on African exports [J]. Food Policy,2001,26(5):495-514.

[86] HENSON S,JAFFEE S. Standards and Agro-food exports from developing countries:rebalancing the debate[M]. The World Bank,2004.

[87] 田东文,叶科艺. 安全标准与农产品贸易:中国与主要贸易伙伴的实证研究[J]. 国际贸易问题,2007,297(9):108-113.

[88] 张华,宋明顺. 农产品国际贸易中的“标准元素”:体现、特性与应对[J]. 农业经济问题,2015,36(7):52-59.

[89] 胡小平,郭晓慧. 2020 年中国粮食需求结构分析及预测:基于营养标准的视角[J]. 中国农村经济,2010(6):4-15.

[90] 徐雪. 贸易自由化下的环境和食品安全标准[J]. 农业经济问题,2003,24 (3):48-52.

[91] 鲍晓华,朱达明. 技术性贸易壁垒与出口的边际效应——基于产业贸易流量的检验[J]. 经济学(季刊),2014,(4):1393-1414.

[92] DAVID P A, GREENSTEIN S. The economics of compatibility standards: an introduction to recent research[J]. Economics of Innovation and New Technology, 1990, 1(1/2): 3-41.
[93] KATZ M L, SHAPIRO C. Product compatibility choice in a market with tcchnological progress [J]. Oxford Economic Papes, 1986, 38 (11): 146-165.
[94] KATZ M L, SHAPIRO C. Technology adoption in the presence of network externalities [J]. Journal of Political Economy, 1986, 94 (4): 822-841.
[95] FARRELL J, SALNOER G. Standardization, compatibility and innovation [J]. RAND Journal of Economics, 1985, Spring: 70.
[96] FARRELL J, SALNOER G. Installed base and compatibility: innovation, product preannouncements and predation [J]. The American Economic Review, 1986, 76(5): 940-955.
[97] 娄朝晖. 网络产业技术标准:研究进程及拓展空间[J]. 财经问题研究, 2011 (6): 44-50.
[98] FISCHER R, SERRA P. Standards and protection [J]. Journal of International Economics, 2000, 52(2): 377 -400.
[99] SYKES A O. Product standards for internationally integrated goods markets[M]. Washington, DC: Brookings Institution, 1995.
[100] DAVID A, SHURMER. Formal standards-setting for global telecommunications and information services[J]. Telecommunications Policy, 1990, 20: 789-815.
[101] KANO S. Techniealinnovations, standardization and regional comparison: a case study in mobile communications[J]. Telecommunications Policy, 2000, 24: 305-321.
[102] CASELLA A. Product standards and international trade: harmonization through private coalitions? [J]. Kyklos, 2001, 54: 243-264.
[103] GANSLANDT M, MARKUSEN J. Standards and related regulations in international trade: A modeling approach[R]. National Bureau of Economic Research, 2001.
[104] EGAN M. Construction of a european market, [M]. Oxford: Oxford University Press. 2001.
[105] 强永昌. 环境标准的经济效应与国际贸易[J]. 经济学动态, 2002(7):

27-30.

[106] 戚亚梅,钱永忠.国际食品贸易中私营标准及其作用研究[J].国际经贸探索,2009,25(11):76-79.

[107] 董银果,严京.私营标准对农产品国际贸易的影响分析[J].农业经济问题,2010,31(7):87-93.

[108] 刘晓峰.我国对外贸易产业梯度转移环境保护问题研究:基于ISO环境管理标准和发达国家经验视角[J].国际贸易,2014(6):26-29.

[109] 魏圣香.新贸易壁垒:欧盟生质燃料可持续标准研究[J].科技管理研究,2016,36(23):43-48.

[110] 王婉如.技术标准、贸易壁垒与国际经济效应研究:基于"一带一路"沿线国家的实证分析[J].国际贸易问题,2018(9):80-94.

[111] AMABLE B,VERSPAGEN. The role of technology in market shares dynamics[J]. Applied Economics,1995(27):197-204.

[112] ANTONELLI C. Localized technological change and the evolution of standards as economic institutions[J]. Information Economics and Policy,1994,6(3/4):195-216.

[113] MATUTES C, REGIBEAU. A selective review of the economics of standardization. Entry deterrence, technological progress and international competition [J]. European Journal of Political Economy, 1996 (12):183-206.

[114] BOOM A. Asymmetric international minimum quality standards and vertical differentiation [J]. Journal of Industrial Economics, 1995 (43): 101-119.

[115] ADAMS M. Norms,standards,rights[J]. European Journal of Political Econonly,1996,12 :363-375.

[116] MASKUS K,PENUBARTI. How trade-related are intellectual property rights? [J]. Journal of International Economics,1995,39(39):227-248.

[117] LIEBOWITZ S J, MARGOLIS S E. Are network externalities a new source of market failure? [J]. Research in Law and Economics,1995,17: 1-22.

[118] LIEBOWITZ S J,MARGOLIS S E. Path dependence,lock-in and history [J]. The Journal of law, Economics and Organization, 1995, 11 (1): 205-226.

[119] ARTHUR W B. Competing technologies,increasing returns and lock-in

by historical events[J]. The Economic Journal,1989,99(394):116-131.

[120] WALLNER,KLAUS. Mutual recognition and the strategic use of international standards[Z]. SSE/EFI Working paper 1998. No 254, Stockholm School of Economics.

[121] DIN. Gesamtwirtscha ftlicher nutzen der normung[M]. 3 Bande,Beuth Verlag,2000.

[122] CHEN M X, MATTOO A. Regionalism in standards: good or bad for trade? [Z]. Canadian Journal of Economics,2004,41(3):838-863.

[123] BLIND K,JUNGMITTAG. The influence of innovation and standardisation on macroeconomic development in Germany [J]. Information Technology,1999,6:125-132.

[124] LORZ O,WRED M. Standardization of intermediate goods and international trade[Z]. Canadian Journal of Economics,2008,41(2):517-536.

[125] 凌艳平,辛晓丹,侯俊军.企业参与制定国家标准对其出口贸易规模的影响:基于上市公司数据的实证研究[J].财经理论与实践,2017,38(1):134-138.

[126] 唐锋,谭晶荣,孙林.中国农食产品标准“国际化”的贸易效应分析:基于不同标准分类的 Heckman 模型[J].现代经济探讨,2018(4):116-124.

[127] GASIOREK,MICHAEL,ALASDAIR S,ANTHONY J. Trade and welfare-a general equilibrium Model[M]. Cambridge:Cambridge University Press,1992.

[128] HARRISON G W,RUTHERFORD T F,TARR D G. Increased competition and completion of the market in the European Union: static and steady state effects[J]. Journal of Economic Integration, 1996, 3(11): 332-365.

[129] SWANN P,TEMPLE P,SHURMER M. Standards and trade performance:the UK experience [J]. The Economic Journal, 1996, 106(438): 1297-1313.

[130] JOHANNES. MOENIUS. Information versus product adaptation: the role of standards in trade[M]. Manuscript,University of California,San Diego,1999.

[131] BLIND K. The impacts of innovations and standards on trade of measurement and testing products:empirical results of Switzerland's bilateral trade flows with Germany,France and the United Kingdom'[J]. Infor-

mation Economics and Policy,2001,13:439-460.
[132] 陶爱萍,李丽霞.促进抑或阻碍:技术标准影响国际贸易的理论机制及实证分析[J].经济理论与经济管理,2013(12):91-100.
[133] 梅琳,吕方."新社会经济运动":非政府组织与"私营标准":基于公平贸易标签组织(FLO)案例的讨论[J].福建论坛(人文社会科学版),2015(10):141-146.
[134] CALVIN L,KRISSOFF B. Technical barriersto trade:a case study of phytosanitary barriers and US-Japanese apple trade[J]. Journal of Agricultural and Resource Economics,1998,23(2):351-366.
[135] OTSUKI T. WILSON S,SEWADEH M. Saving two in a billion:quantifying the trade effect of European food safety standards on African exports[J]. Food Policy,2001,(5):495-514.
[136] THORNSBURY S. Technical regulations as barriers to agriculture trade [D]. Phd Dissertation of Virginia Polytechnic Institute and State University,1998.
[137] GANDAL N,SHY O. Standardization policy and international trade[J]. Journal of international Economics,Elsevier,2001,53(2):363-383.
[138] GARY HUFBAUER,BARBARA KOTSCHWAR,JOHN WILSON. Trade and standards:a look at central America[J]. The world economy. 2002,(7):59-82.
[139] MASKUS K E,OTSUKI T,WILSON J. The cost of compliance with product standards for firms in developing countries:an econometric study[Z]. Policy research working paper No. 3590,The World Bank,2005.
[140] OTSUKI T,CHEN M X,WILSON J S. Do standards matter for export success? [M]. The World Bank,2006.
[141] 李春田.标准化概论[M].6版.北京:中国人民大学出版社.2014.
[142] 段琼,姜太平.环境标准对国际贸易竞争力的影响:中国工业部门的实证分析[J].国际贸易问题,2002,(12):49-51.
[143] 徐松.国际贸易中的"双重标准"及其对策[J].中国软科学,2004(2):21-26.
[144] 董银果.SPS措施影响中国水产品贸易的实证分析:以孔雀石绿标准对鳗鱼出口影响为例[J].中国农村经济,2011(2):43-51.
[145] 董银果.发达国家SPS措施对中国茶叶出口的影响分析:基于标准差异视角[J].中国农村经济,2014(11):83-95.

[146] 王耀中，贺婵．标准差距对我国农产品贸易影响的实证分析[J]．国际经贸探索，2008，24(5)：26-29．
[147] 李怀林．推行标准经济 促进国际贸易[J]．国际贸易，2005(8)：25-27．
[148] 耿建新，肖振东．ISO14000 认证出口效应研究：基于中国资本市场的经验证据[J]．中国软科学，2006(1)：61-68．
[149] 赵志强，胡培战．技术标准战略、技术贸易壁垒与出口竞争力的关系：基于浙江出口美日欧的实证研究[J]．国际贸易问题，2009(10)：79-86．
[150] 王耀中，陈文娟．行业标准与中国机械行业进出口贸易：基于 1985-2005 年数据的协整分析和 Granger 因果检验[J]．国际贸易问题，2009(3)：30-36．
[151] 侯俊军，马喜燕．标准对中日双边贸易规模的影响研究[J]．亚太经济，2009(6)：38-42．
[152] 杨丽娟．国家标准、国际标准与中国对外贸易发展[J]．亚太经济，2012(3)：48-52．
[153] 杨丽娟．丝绸之路上的贸易便利化和生态导向发展：技术标准视角[J]．兰州大学学报(社会科学版)，2015，43(2)：8-18．
[154] 宋海英．质量安全标准的贸易效应分析：以浙江食品出口日本为例[J]．华东经济管理，2013，27(5)：6-9．
[155] 杨丽娟．技术标准对中美双边贸易的影响：基于 ICS 分类的实证研究[J]．国际经贸探索，2013，29(2)：4-11．
[156] KATZ M，SHAPIRO C. Systems competition and network effects[J]. Journal of Economic Perspectives，1994，8：93-115.
[157] FARRELL J，KATZ M L. Competition or predation? schumpeterian rivalry in network markets[J]. SSRN Electronic Journal，2001.
[158] CHIESA V，TOLETTI G. Standard-setting strategies in the multimedia sector [J]. International Journal of Innovation Management，2003，07(3)：281-308.
[159] HUDSON J，P JONES. International trade in ‘quality goods’：signalling problems for developing countries[J]. Journal of International Development，2003，(8)：999-1013.
[160] MOENIUS J. Information versus product adaptation：the role of standards in trade[J]. SSRN Electronic Joural，2004.
[161] 齐欣，岳晋峰．标准制度互认机制与发展中国家技术性贸易壁垒的突破[J]．国际贸易，2005(6)：36-40．

[162] 陈爱蓓.金融危机下的国际新贸易保护主义及其应对[J].现代经济探讨,2009(11):17-20.

[163] 吴宏,邹宇.国际贸易中的私有标准及其对中国农产品国际化的启示[J].国际贸易,2008(10):58-61.

[164] 陶忠元.国际贸易领域中的标准竞争及其对策[J].学术交流,2010(11):115-118.

[165] 苏世芬.浅析环境标准与我国农产品出口贸易[J].贵州社会科学,2005(6):20-22.

[166] 毕春丽,潘峰.信息产业标准与知识产权战略及其对策研究[J].中国软科学,2006(8):49-57.

[167] 喻萌,魏纪林.关于技术性贸易壁垒下我国技术标准战略的探讨[J].科技进步与对策,2006,23(11):25-27.

[168] 程恩富,谢士强.从技术标准看技术性贸易壁垒中的知识产权问题[J].经济问题,2007(3):18-20.

[169] 曹艳梅.技术性贸易壁垒发展的新趋势:技术标准与知识产权相结合[J].世界标准化与质量管理,2008(2):41-43.

[170] 杨一平.国际贸易中"标准壁垒"对我国软件产业发展的影响[J].经济与管理研究,2009,30(4):25-29.

[171] 韩俊,罗丹.关于完善我国食品安全标准体系的研究[J].农业质量标准,2005(3):4-7.

[172] 赵鹏.食品安全标准:从双重目标回归安全保障:以生乳新国标为例[J].北京行政学院学报,2012(6):20-25.

[173] 蒋正华.技术标准与国家经济安全[J].中国行政管理,2006(7):6-9.

[174] 王竹天,王君.食品安全标准:实施与应用[M].北京:中国质检出版社,2015.

[175] 于文静.我国粮食进口近年呈现"N"字形增长[N].中国食品安全报,2014-08-12(A01).

[176] 孟凡军.2003年我国小麦市场回顾及后市展望[J].粮油加工与食品机械,2004(2):20-22.

[177] 严瑞珍.农业产业化是我国农村经济现代化的必由之路[J].经济研究,1997,32(10):74-79.

[178] 丁声俊.复杂形势下务必坚守粮食战略定力:兼谈正确把握粮食"走出去"和"适度进口"方针[J].价格理论与实践,2015(11):13-16.

[179] 袁隆平.发展超级杂交水稻 保障国家粮食安全[J].杂交水稻,2015,30

(3):1-2.
[180] 吴志华,胡非凡.粮食供应链整合研究:以江苏省常州市粮食现代物流中心为例[J].农业经济问题,2011,32(4):26-32.
[181] 邓大才.中国粮食生产的机会成本研究[J].经济评论,2005(6):45-51.
[182] 毛学峰,刘冬梅,刘靖.中国大规模粮食进口的现状与未来[J].中国软科学,2016(1):59-71.
[183] 沈宇丹,张富春,王雅鹏.农产品、食品安全标准演化与现代农业发展[J].经济问题,2012(8):82-85.
[184] 王国顺,袁信.高科技产业技术标准战略联盟治理研究[J].科技进步与对策,2007,24(7):65-68.
[185] 任向阳,丁日佳,孙敏,等.技术标准与市场经济的关联关系研究[J].科技进步与对策,2009,26(4):100-102.
[186] 林洲钰,林汉川,邓兴华.什么决定国家标准制定的话语权:技术创新还是政治关系[J].世界经济,2014,37(12):140-161.
[187] 史晋川,汪晓辉,吴晓露.缺陷监管下的最低质量标准与食品安全:基于垂直差异理论的分析[J].社会科学战线,2014(11):43-56.
[188] 张帆,曾铮.技术标准与市场要素的关联研究:理论假说以及基于VAR模型的经验分析[J].科学学研究,2009,27(6):846-852.
[189] 孙莹.ISO9000标准认证对贸易的影响研究[D].杭州:浙江大学,2012.
[190] CASPER S, HANCKE B. Global quality norms within national production regimes: ISO 9000 standards in the French and German car industries[J]. Organization Studies, 1999, 20(6): 961-985.
[191] GRAJEK M. Diffusion of ISO 9000 standards and international trade [Z]. Markets and Political Economy Working Paper, 2004.
[192] 野村淳二,张晓刚,赵厚麟.标准是世界的通用语言[J].信息技术与标准化,2015(9):4.
[193] BONROY O, CONSTANTATOS C. On the use of labels in credence goods markets[J]. Journal of Regulatory Economics, 2008, 33(3): 237-252.
[194] 徐洁香.标准化的贸易效应及政策研究[M].北京:经济科学出版社,2011.
[195] CRAMPES C, HOLLANDER A. Duopoly and quality standards[J]. European Economic Review, 1995, 39(1): 71-82.
[196] KUHN M. Minimum quality standards and market dominance in verti-

cally differentiated duopoly[J]. International Journal of Industrial Organization,2007,25:275-290.

[197] 邢孝兵,徐洁香.技术标准化的贸易保护效应[J].国际经贸探索,2010,26(6):24-30.

[198] DEARDORFF A,R STERN. The measurement of non-tariff barriers [Z]. OECD Economics Department Working PapersNo. 179,1998.

[199] 鲍晓华.技术性贸易壁垒的量度工具及其应用研究:文献述评[J].财贸经济,2010(6):89-97.

[200] BRADFORD S. Paying the price:final goods protection in OECD countries[J]. Review of Economics and Statistics,2003,85(1):24-37.

[201] BEGHIN J,C BUREAU. Measurement of sanitary,phytosanitary and technical barriers to trade[M]. The Impact of Regulations on Agri-food Trade,OECD,Paris,2001.

[202] CZUBALA W,B SHEPHERD B,WILSON J S. Help or hindrance? the impact of harmonised standards on African exports [Z]. World Bank Working paper,2007.

[203] SCHLUETER,SIMON W,CHRISTINE WIECK,THOMAS HECKELEI. Regulatory SPS instruments in meat trade,agricultural and resource economics[Z]. Discussion Paper,2009.

[204] JAYASINGHE S,BEGHIN J C,MOSCHINI G C. Determinants of world demand for us corn seeds:the role of trade costs[M]. //World Scientific Studies in International Economics. World Scientific,2016:309-320.

[205] 邓洲.国外技术标准研究综述[J].科研管理,2011,32(3):67-76.

[206] GEBREHIWET Y,NGQANGWENI S,KIRSTEN J F. Quantifying the trade effect of sanitary and phytosanitary regulations of OECD countries on South African food exports[J]. Agrekon,2007,46(1):23-29.

[207] MANGELSDORF A. PORTUGAL-PEREZ A,WILSON J S. Food standards and exports:evidence for China [J]. World Trade Review,2012,11(3):507-526.

[208] 姚洪心,杨冬媛.欧盟农药残留标准对我国农产品出口的影响——基于32类农产品的面板数据[J].江苏商论,2016,(4):37-42.

[209] CAO K,R JOHNSON. Impacts of mandatory meat hygiene regulationson the New Zealand mat trade[J]. Australasian Agribusiness Review,2006,(14):58-71.

[210] DISDIER A C, FEKADU B, MURILLO C, et al. Trade effects of SPS and TBT measureson tropical and diversification products [R]. Geneva: International Centrefor Tradeand Sustainable Development Working Paper, 2008.
[211] KAROV, VUKO, DONNA ROBERTS, JASON H, EVERETT B. A preliminary empirical assessment of the effect of phytosanitary regulationson US's fresh fruit and vegetableImports[Z]. Selected Paper prepared for presentation at the AAEA & ACCI Joint Annual Meeting, Milwaukee, 2009.
[212] DICKEY D A, FULLER W A. Likelihood ratio statistics for autoregressive time series with a unit root [J]. Econometrica, 1981, 49 (4): 1057-1072.
[213] 高铁梅.计量经济分析方法与建模:Eview 应用及实例[M].北京:清华大学出版社,2006.
[214] 王铮,薛俊波,朱永彬.经济发展政策模拟分析的 CGE 技术[M].北京:科学出版社,2010.
[215] 倪月菊.日本"肯定列表制度"的实施及其对我国食品和农产品出口的影响[J].国际贸易,2006(7):22-26.
[216] 毛雪丹.日本"肯定列表制度"及其农药残留限量标准[J].中国食品卫生杂志,2006,18(1):91-92.
[217] 谭晶荣,夏幸.肯定列表制度对日本福利和中国农产品对日本出口的影响[J].中国农村经济,2011(2):33-42.
[218] 郝枫.价格体系对中国要素收入分配影响研究:基于三角分配模型之政策模拟[J].经济学(季刊),2013,13(4):175-206.
[219] 鲍晓华.技术性贸易壁垒及其自由化对谷物出口的影响:基于中国数据的实证检验和政策模拟[J].经济管理,2010,32(7):20-28.

后　记

本书是在我的博士论文基础上，同时部分吸纳了我与赵瑞霞老师合著的几篇相关学术论文的研究成果而修订完成的。2014年，我有幸考取了湖南科技大学商学院应用经济学专业博士生，在三年半的脱产求学生涯中，众多师长亲友给予了我许多无私的帮助，在本书出版之际，特对他们表示最诚挚的感谢。

诚挚地感谢我的导师肖国安教授！还记得入学不久的第一次内部学术研讨会上，您就专门和我讨论并确定了博士论文的研究方向，这使我能够较早地进入实质性的研究状态。还记得有一次您为清楚地揭示一个关键科学问题的解决方案，亲自在黑板上即兴推导和演绎滤波理论基本原理的风采，使我深刻地感受到扎实的理论基础的重要性。还记得几次我在研究过程中发生动摇时，您从学术发展逻辑和科研规律的高度对我谆谆教诲，鼓励我迎难而上。在博士论文写作过程中，您对论文的选题、研究框架、基本思路都进行了全面而深入的指导，甚至论文中的许多语法与错别字您都进行了具体指正。“高山仰止，景行行止，虽不能至，然心向往之”，您的博大心怀、高尚人格、严谨治学态度是我永远学习的典范。诚挚地感谢我硕士期间的导师刘友金教授！您是我从事学术生涯的启蒙人，虽然硕士只有短短的三年，但这十余年来，您对我科研上的教导却从未中断，您对我生活上的关心也从未松懈。您在科研工作中体现出“从大处着眼，从细处着手”“苦干加苦干”“只求真中真，不怕难上难”“文改千遍不厌倦”的学术作风深深地影响了我。

诚挚地感谢商学院导师组朱有志教授、田银华教授、刘友金教授、胡石其教授、向国成教授、仇怡教授、潘爱民教授！感谢您们在我博士论文开题、中期检查及预答辩中提出的宝贵意见。诚挚地感谢童乙伦老师、李宾老师、向国成老师、贺胜兵老师、米华老师、胡剑波老师，您们扎实的课程教学不仅为我博士论文写作提供了基础，也塑造了一个合格博士所应有的理论涵养。特别感谢向国成教授！您的课程是我唯一不要学分而选择连续上两次的课程，您要求提交的课程论文作业是我博士期间发表的第一篇CSSCI源期刊论文，通过学习您的课程，我极大地增强了学术自信。诚挚地感谢商学院研究生管理的颜剩勇教授、蔡钰老师、吕妍老师及学工办的王知知老师提供的诸多便利！

“独学而无友，则孤陋而寡闻”，诚挚地感谢潘爱民教授、彭文斌教授、贺胜兵教授、叶文忠教授、江海潮教授、曾祥炎教授、曾世宏教授、王鹤博士、杨帆博士、符安平博士、谢冬水博士、陈为民博士、胡晓博士、曾剑云博士、袁旭宏博士、罗登辉老师、郭志军老师！我们时而在娱乐中切磋学问，时而在探讨学问时海阔天空。特别感谢潘爱民教授！每次写作思路中断时，都是就近到您办公室找几句智语来慰藉、找几根香烟来续接。特别感谢王鹤博士对博士论文计量问题提出的宝贵意见，以及在那百余次的多主体演化博弈实验中与我共进退！诚挚地感谢王文涛博士、张志彬博士、龚波博士、尹风雨博士、王琼博士、朱湖英博士、罗迎博士、张志兵博士、邝嫦娥博士、邓明君博士、易秋平博士、曾小明博士、尹延钊博士、周华蓉博士、周健博士等同学或同门对我提供的诸多帮助！

诚挚地感谢我的父母、岳父母！您们都已六七十岁高龄，曾经含辛茹苦地把子女从偏僻的农村送进了高校、送进了城市，在安享晚年的时候，作为子女的我却既不能常伴左右尽孝，又没能提供宽裕的物质尽力，却还常常麻烦您们来照顾我的小家庭。“谁言寸草心，报得三春晖”，在本书即将出版之际，万语难以言表，就让我用衷心来向您们致以最崇高的敬意吧。诚挚地感谢我的妻子！结婚十三年以来，我竟有六年半的时间在做全职的学生。在这段求学生涯中是你为我提供了坚实的后盾、是你为我提供了温馨的港湾、是你为我提供了自由的空间。诚挚地感谢我的儿子胡明瑞大朋友及胡承瑞小朋友！活泼可爱的胡明瑞给我带来了无穷的快乐，而刚出生的胡承瑞则赋予了我莫大的责任。正是因为有了你们俩小家伙，才使得我在“孺子牛”精神的推动下不断前行。

博士毕业后，我有幸获得了湖南省教育厅科学研究基金优秀青年项目(18B229)、湖南省自然科学基金面上项目(2019JJ40086)的立项支持，感谢这两个基金为本书出版提供的部分资金支持。感谢中国矿业大学出版社褚建萍编辑和夏然编辑为本书的出版花费大量的心血和努力。谢言有尽而谢意无穷，就用以下几句话作结吧。

秋高气爽意冉冉，科大丹桂夜愈香。
寒窗几载虽已逝，热血一腔犹未凉。
亲友情谊深似海，师长恩德重如山。
敢问苍天学何用？至诚致志岁月长。

胡黎明 2019 年 5 月于湘潭